［特集］特別支援教育施行10年
特集にあたって

窪田 知子

「特殊教育」から「特別支援教育」への転換がなされて10年が経過した．はじめは，「どうする」「どうなる」と右往左往していた学校教育現場でも，その理念が求める「特別な支援を必要とする幼児児童生徒が在籍する全て（傍点筆者）の学校において実施されるもの」という認識は徐々に浸透してきたように感じる．大学で教員養成に携わる中でも，特別支援教育について学びたいという学生は年々増えていると実感している．

それではこの10年は，障害のある子どもやさまざまな困難を経験している子どもたちにとって，実り豊かな10年だったといえるだろうか．通常の学校・学級は，彼らにとって安心できる学び舎となっているだろうか．本特集では「特別支援教育施行10年」と題して，その検証を試みた．

詳細はそれぞれの論考に委ねるが，この10年をふり返ると，「通常の学級で一人ひとりの教育的ニーズに応じた指導と支援を行うこと」が掲げられながらも，特別支援学校や特別支援学級に在籍する子どもの数は増加の一途を辿っている．これは，医療技術の進歩，障害に対する社会的な認知の広がり，障害等の早期発見・早期療育を経て，手厚い関わりの中でわが子が成長することを実感した保護者の行き届いた教育を求める声などが反映していると考えられる．特別支援学校や特別支援学級がそうしたニーズの受け皿であることは，インクルーシブ教育の実現をめざす上でこれからも重要な砦であり続けるだろう．その一方で，矮小化された"学力"の向上が求められ，学校そのものが排他的な競争原理・管理主義的な価値観に支配される中で，傷つき，自信をなくし，通常学校・学級を追われるようにして特別支援学校・学級に居場所を求める子どもたちがいるのではないだろうか．教師も子どもも窮屈さを強いられる学校では，安心して学べるはずもない．本特集ではそうした"逆境"の中にあって，子どもたちの発達要求に寄り添い，丁寧に応えていく実践の報告も多数掲載することができた．通常学級での実践はもとより，通常学校における特別支援教育の一翼を担ってきた特別支援学級や通級指導の実践を通して，「一人ひとりのニーズを把握して適切な指導と必要な支援を行う」とはどういうことなのかをあらためて確認できるだろう．

また本特集では，高校における特別支援教育をめぐる論考も報告されている．2018年度から，高等学校における通級指導教室の制度化がスタートする．小学校・中学校・高等学校と幅広い実践を共有し，学齢期から青年期の子どもたちの育ちを考えていく足掛かりになることを期待するとともに，今後は幼児期の実践とも交流していきたい．

最後に，「障害のある（傍点筆者）幼児児童生徒の自立や社会参加に向けた主体的な取組を支援するという視点」に立つ特別支援教育と，多様なニーズを包み込むインクルーシブ教育との関係性についても，引き続き，議論が必要であろう．本特集が，決して安定して発展してきたとはいえない特別支援教育10年の課題と展望を明らかにする契機となることを心から願っている．

（滋賀大学　くぼたともこ）

特別支援教育施行10年

特集 特別支援教育10年を検証する

荒川　智

要旨

特別支援教育の10年を統計資料や政策文書をもとにレビューし，検証の視点を提示した．特別支援教育の元々の理念はどこまで実現されているのか，そもそもその理念は妥当なものだったのか．一人ひとりの教育的ニーズに応えるといいながら，障害の種類と程度に応じた教育という実態は変わっていない．特別支援学級等の児童・生徒が急増しており，通常学級における発達障害児等の支援は成功しているとはいえない．特別支援学校という制度は多くの矛盾を抱えている．インクルーシブ教育システム構築の政策は，真のインクルーシブ教育の理念とは異なっている．この10年は決して肯定的な評価ではすまされない．

キーワード　特別支援教育の10年，特別支援学校制度，一人一人の教育的ニーズ，インクルーシブ教育システム

はじめに

特別支援教育がこの10年で社会的に広く認知されてきたことは確かであろう．各種の教育政策文書や審議会の答申・報告では，現代的教育課題の一つとして必ず特別支援教育が挙げられている．その評価は別にしても，この間様々な研究や実践が多彩に展開されてきている．しかしそれでも，特別支援教育の元々の理念はどこまで実現されているのか，いやそもそもその理念は妥当なものだったのか．ここでは論究できないが，教育基本法「改正」後の学校教育全般の状況やこの間の障害者政策との関係も重要である．

本稿では，学校基本調査や特別支援教育資料等の統計と文部科学省（文科省）の政策文書に依拠しながら，この10年の動向をレビューし，課題を検証する視点を提示したい．

あらかわ　さとし
茨城大学教育学部

1　統計に見る特別支援教育の10年

(1) 2007年度と2016年度の比較

表1は，特別支援教育全般及び特別支援学校に関して注目すべき点について，2007年度と2016年度の統計上の比較をしたものである（特別支援学校については，河合，2016も参照）．

特別支援教育対象者の急増については，単に肯定的に評価してよいのか，通常の教育の実態や就学システムとの関連で丁寧に検証する必要がある．なお，特別支援学校の幼児児童生徒数（以下「生徒数」）は，ここ数年増加のペースがやや鈍っている．通常学校における校内委員会設置やコーディネーターの指名については，2007年度の段階ですでに公立小中学校ではかなり進んでいたが，今日では幼稚園や高校でも進んでいる（表1）．

特別支援教育支援員が地方交付税として予算化され，2007年度には小・中学校のみの配置であったが，その後幼稚園（2009年度），高校（2011

表1　特別支援教育全般に関する2007年度と2016年度の比較

	2007年度	2016年度
特別支援教育児童生徒数（比率*）	266,786人（1.7%）	455,971人（3.2%）
特別支援教育関係予算	113,301百万円（10万円以下四捨五入）	130,125百万円（17年度　131,289百万円）
対通常教育の特別支援学校教育費	小学校の約9.7倍、中学校の約8.4倍	小学校の約7.7倍、中学校の約6.8倍
特別支援学校教諭免許保有率	学校68.3%　学級32.4%（小34.2、中28.6）	学校75.8%　学級30.9%（小32.6、中27.0）
特別支援学校　学校数（複数障害対応校数）	1,013校（98校）	1,125校（249校）
幼児児童生徒数（幼、小、中、高）	108,173人（幼1,653、小33,411、中24,874、高48,235）	139,821人（幼1,476、小39,896、中31,043、高67,406）
重複障害学級在籍者数（比率）	58,285人（42.5%）	70,939人（36.5%）
高等部本科卒業生就職率	23.1%（3月卒：2001年3月卒19.4%）	29.4%
公立幼・小・中・高実施率（私立）CO：特別支援教育コーディネーター	校内委員会89.0%（18.3）Co 88.6%（21.9）指導計画作成54.1%（13.3）	校内委員会99.4%（43.3）Co 99.4%（44.9）86.3%（32.0）＜該当校のみ96.5%（67.2）＞
特別支援教育支援員	小・中22,602人	幼6,500人、小・中46,800人、高500人

＊幼児児童生徒全体に含まれる割合

表2　特別支援学級児童生徒数の推移

	2007年度（%）	2008	2009	2010	2011	2012	2013	2014	2015	2016（%）
知的障害	66,711(58.8)	71,264	75,810	80,099	83,771	86,960	90,403	94,821	100,215	106,365(48.8)
肢体不自由	3,991（3.5）	4,201	4,221	4,265	4,300	4,374	4,299	4,364	4,372	4,418（2.0）
病弱・身体虚弱	1,826（1.6）	2,012	2,117	2,129	2,270	2,397	2,570	2,773	3,030	3,208（1.5）
弱視	330（0.3）	347	359	373	385	417	442	471	510	552（0.3）
難聴	1,208（1.1）	1,229	1,216	1,262	1,282	1,329	1,400	1,439	1,518	1,617（0.7）
言語障害	1,310(81.2)	1,411	1,488	1,521	1,491	1,568	1,651	1,608	1,691	1,708（0.8）
自閉症・情緒障害*	38,001(33.5)	43,702	49,955	55,782	61,756	67,383	74,116	81,624	90,157	99,971(45.9)
総計	113,377	124,166	135,166	145,431	155,255	164,428	174,881	187,100	201,493	217,839人
学級数	37,941	40,004	42,067	44,010	45,807	47,643	49,743	52,052	54,586	57,228学級
担当教員数	40,369	42,603	45,001	47,297	49,248	51,258	53,521	56,152	58,881	61,789人
設置学校数				22,881	23,110	23,309	23,504	23,770	23,936	24,066校

＊2007年度は「情緒障害」
　小・中学校数　2007年度　33,648校（小22,693、中10,955）　2016年度　30,717校（小20,313、中10,404）

年度）にも配置されるようになり，総数も倍以上になっている．実際には交付税分より多くの支援員（名称は様々）が自治体によって配置されているが，その身分・資格は自治体により様々で，また小・中学校の配置について地方交付税のみで計算すると，2007年度は1校につき0.67人，2016年度でも1校1.19人にとどまっており，質量ともに極めて不十分である．

　特別支援教育の目玉の一つは，通常学級に在籍する発達障害等の子どもの支援であったが，特別支援学校のセンター的機能など通常学級教員への助言や援助による間接的支援の施策はあっても，通常学級在籍者を直接指導する制度は通級による指導（以下，「通級による指導」）だけで，支援員のような通常学級の中で直接支援する施策は制度化されていない．そうした結果が，特別支援学級や通級指導の子どもの急増の一因となっている．

　なお，小学校・小学部就学予定者で教育支援委員会（旧・就学指導委員会）の調査・審査対象者や学校教育法施行令第22条の3該当者で通常学級に在籍する者も増加している．

（2）特別支援学級と通級指導の実態

　表2は，特別支援学級の障害種別児童生徒数の年度推移である．学級数，担当教員数ともにその増加は一目瞭然であるが，より詳しく見ると児童・生徒数については，2010年度から2013年度にかけて増加のペースがやや鈍るものの，その後

はまた2010年度まで以上のペースで増加している．学級数，教員数も増えてはいるものの，1学級（1教員）当たりの児童生徒数は，2007年度が2.99（2.81）人に対し，2016年度は3.81（3.53）人で，これはあくまでも平均であるので，教員の負担増が窺われる．また，2010年度からの資料となるが，小中学校の総数が減っているなかで，特別支援学級設置校は増え続けている．

なお，こうした子どもの急増の中で，専門性のある教員の配置が追いつかず，そのことは特別支援学級教員の特別支援学校免許保有率の低下にも表れている（表1）．しかも，特別支援学校免許は必ずしも特別支援学級や通級指導に求められる専門性に対応しているわけではないので，今後の対応策が求められよう．

障害種別に見ると，2007年度は知的障害が半分以上を占め，自閉症・情緒障害（この時点では「情緒障害」）が続いていたが，2016年度には，後者が前者に迫る一方，肢体不自由，難聴，言語障害では（実数は増加しているものの）その割合は減少している．なお，小学校と中学校で障害種別の割合は大きな差がない．

表3は，学年別進行の児童生徒数の推移である．総じて小2，小3への進級時の増加が大きい．他学年でも同様の傾向であるが，特に近年になるほど大きく増加し，多くの子どもが入学してすぐに学習上の困難に遭遇することを窺わせる．

表4は，通級指導の児童生徒数の年度推移である．特別支援学級同様に児童生徒数の急増が著しく，担当教員数，教室設置校数が児童生徒の増加のペースに追いついていない．1教員当たりの児童生徒数は，2010年度との比較になるが，1人につき11.5人だったのが，2016年度は13.4人に増えている．なお，2017年度からの，対象児約13人に対し担当教員1人加配といういわゆる基礎定数化がどれだけの効果をもたらすか，注目したい．

障害種別に見ると，いずれも人数は増えているが，かつては「ことばの教室」「聞こえの教室」として通級の主流であった言語障害と難聴の割合が減っている．とくに言語障害は2007年度には3分の2弱を占めていたが，2016年度には3分の1強となっている．一方で自閉症，情緒障害，学習障害，注意欠陥多動性障害の割合の増加が顕著である．

特別支援学級とは異なり，通級指導では，小学校と中学校で障害種別の割合に差がある．2016年度において，言語障害は小学校で41.4％を占めるのに対し，中学校では3.7％と少なく，学習障害がトップの28.4％を占める．小学校と中学校での実態やニーズの違いは，2018年度から始まる高校の通級指導を進める上でも慎重に分析される必要がある．

教室に通う形態としては，2007年度には自校通級37.5％，他校通級60.0％で（残りは巡回指導），特に弱視，難聴に他校通級の割合が高かったが，2016年度には自校通級50.3％，他校通級44.6％でようやく自校通級が半分を超えた．なかでも学習障害は比較的自校通級の割合が高い．しかしそれでも他校通級の割合は依然として半分近くに達し，子どもや保護者の負担が大きい．

指導時間については，「平成28年の通級による指導実施状況調査結果について」によると，週1時間が52.7％，週2時間が32.1％で，両者で全体の84.8％を占めている．2007年度の調査では，週1時間が46.5％，週2時間が37.0％，計83.5％である．二つ合わせて8割強という状況はかわらないが，週1時間の子どもの割合が増えていることが気になる．通級指導の適切な時間数は，子どもの実態によって大きく異なるので，一概には言えないが，十分な指導時間が確保されているのか，子どもの急増に教員・教室数が追いつかず，指導時間が減らされているのか，確認が必要である．

いずれにせよ，通級指導を受ける子どもが急増しているとはいえ，全国的に通級指導教室を設置している小・中学校は依然として約15％にとどまっており，通級指導を必要とする子ども全体のニーズに応え切れていないのが現状である．

表3　学年別特別支援学級児童生徒数の推移

	小学1年	2年	3年	4年	5年	6年	中学1年	2年	3年
2007年度入学者	11,364	12,610	16,000	17,595	18,951	19,856	17,760	18,095	20,205
2008	12,923	15,824	18,043	19,701	21,149	22,086	19,734	20,205	22,124
2009	13,558	16,499	18,703	20,418	21,978	22,950	21,278	21,953	
2010	14,203	17,062	19,370	21,132	22,825	23,862	21,182		
2011	14,813	17,853	20,343	22,399	24,246	25,367			
2012	15,315	18,620	21,489	23,768	25,704				
2013	16,747	20,625	23,978	26,587					
2014	18,730	23,046	26,823						
2015	20,626	25,332							
2016	22,767								

表4　通級指導児童生徒数の推移

	2007年度（％）	2008	2009	2010	2011	2012	2013	2014	2015	2016（％）
言語障害	29,340(64.9)	29,860	30,390	31,066	31,607	32,674	33,606	34,375	35,337	36,793(37.4)
自閉症	5,469(12.1)	7,047	8,064	9,148	10,342	11,274	12,308	13,340	14,189	15,876(16.1)
情緒障害	3,197(7.1)	3,589	4,710	5,737	6,332	7,450	8,613	9,392	10,620	11,824(12.0)
弱視	155(0.3)	153	155	184	130	161	179	190	161	179(0.2)
難聴	1,923(4.3)	1,915	1,919	1,983	2,051	2,056	2,044	2,181	2,080	2,091(2.1)
学習障害	2,485(5.5)	3,682	4,726	6,655	7,813	9,350	10,769	12,006	13,188	14,543(14.8)
注意欠陥多動性障害	2,636(5.8)	3,406	4,013	5,798	7,026	8,517	10,324	12,213	14,609	16,886(17.2)
肢体不自由	11(0.02)	14	22	24	9	17	26	40	68	92(0.09)
病弱・身体虚弱	24(0.05)	19	22	42	50	20	13	13	18	27(0.03)
総　　　計	45,240	49,685	54,021	60,637	65,360	71,519	77,882	87,750	90,270	98,311人
担当教員数				5,261	5,335(95)	5,797(96)	6,205(99)	6,562(104)	7,006(107)	7,335人(110)
教室設置学校数				2,910(63)	3,061(60)	3,333(54)	3,620(63)	4,413(75)	4,607(72)	4,576校(72)

担当教員数の括弧は特別支援学校の教員数，教室設置学校数の括弧は特別支援学校内の教室数．

2　特別支援教育の理念と現実

（1）特別支援学校の制度でよかったのか

　特別支援学校はもともと，障害の重度重複化に対応する「障害種別を超えた学校」として発足したはずである．2001年の調査研究協力者会議報告「21世紀の特殊教育の在り方について」では，「障害種別の枠を超えた教育課程」や「組織運営体制や指導体制」の検討が提起されていたが，その後トーンが下がり，実際にはそれまでの知肢併置以外にも複数障害対応が可能となったにすぎない．ここ数年はペースが鈍っているが，複数対応校の数は増え続けている（表1）．都道府県によって併置の形態も様々で，実際には知肢（2016年度142校）以外では，知肢病（29校），肢病（26校），知病（15校）が多いが，視聴知肢病（17校）や聴知（11校）も増えている．

　これについては，本来の障害種別を超えて教育的ニーズに合わせた学級編制や教育課程編成を検討していくべきだとする考えもあるが（河合，2016，p.7），一方で全障害種にわたって種別を超えることが現実的であるのか，知肢病3領域の特別支援学校免許を保有する教員が多いことから，3障害を念頭に置きつつも安易な併置を避け，専門性の内容がもともと異なる視覚・聴覚はやはり独自のものと考えるべきか，あるいはすべての種類で専門性が異なるのだから障害種別を原則とすべきか，複数対応をすることによる通学の利便性も含め，改めて議論を整理する必要があろう．

　ところで，特別支援学校の課題・過密と教室不足がすでに2001年の協力者会議報告でも指摘されていた．2007年度と2016年度を比較すると，1校当たりの生徒数は106.8人から124.3人に，生徒増の著しい知的障害校では134.8人から146.2人に増えている．

　注意すべきは，過大・過密化が複数障害対応校の方でより顕著なことである．知的障害を含む複

数障害対応校では，156.9人から166.3人に，知肢併置校に限ると144.8人から179.6人に増加しており，知的障害単独校より顕著である（詳しくは，荒川，2015）．

文科省も2007年度以降，全都道府県に対して「大規模化・狭隘化」の実態調査を行っており，一時期5000教室の不足と言われた事態はやや改善されつつあるが，それでも2016年度に3700教室の不足が新聞で報じられたのは記憶に新しい．特別支援学校独自の学校設置基準がないことが問題とされるが，それ以前の問題として，いくつかの法令・規則等では通常学校については児童生徒数に応じた普通教室や特別教室の数など「適正な規模の条件」が細かく定められているのに対し，特別支援学校については屋内運動場や校舎の総面積しか示されていないため，特別教室などの普通教室への転用や，1教室を二つに区切って使用するといったことが黙認されている．しかもその基準面積ですら3分の2しか充たしていないのが実態で（小・中学校では現在ほぼ充たされている），特別支援学校は二重三重の差別的待遇を受けているのである．過大・過密化が施設設備や教室不足のようなハード面だけでなく，日常の学校生活や授業実践に具体的にどのような問題を生じさせているのか，ソフト面での研究も必要となろう（例えば，中村，2015）．

なお，障害の重度重複化に応えるためとされながら，重複障害学級在籍者の割合は減少しており（表1），これも「障害種別を超えた学校」の虚像といえないか．一方，特別支援学校対象の5障害以外の障害との重複，とりわけ自閉症を併せ持つ子どもについては，制度的に対応がなされていないことも忘れてはならない．

（2）一人一人の教育的ニーズと個別の支援

特別支援教育の基本理念に一人一人の教育的ニーズに応えるということがある．その具体化の一つが個別の指導計画であり，2008年改訂の現行指導要領において全生徒，全教科・領域で作成されるようになり，通常の学校における指導計画作成も奨励されていった．2007年度の時点では公立学校でも半分強であったのが，2016年度には該当者のいない学校を除けば（その判定が正しいかは別として）ほとんどの学校で作成され，私立校でも，該当者がいる学校では3分の2に達している（表1）．

しかし，個別の指導計画そのものは必要としても，その取り扱い方次第では，要素主義的な子ども把握と指導のマニュアル化を招き，数値目標が独り歩きし，子どものねがいや生活・文化的文脈が無視される恐れもある（荒川，2010）．実際に，指導が訓練的になっていることへの疑問も出されている．例えば障害幼児の保育において，本来なら子どもが興味関心を持って主体的に取り組む遊びが，障害特性の改善の手段とされるようになり，「個別の指導計画に保育者が記載する目標について，幼稚園生活や集団生活への適応に関連する内容が多く，幼児の興味・関心の広がりや，表現の楽しさに関連する内容が少ない」「参加／不参加」「できる／できない」といった個体能力的な発達を評価する「二項対立的な状況を克服する発達理論の構想と実現」が課題だという指摘がある（京林，2017，p.12）．

個別の指導計画は個別指導の計画ではないと，一応は了解されていたとしても，実際には特別支援学校において，例えば自閉症児に対してTEACCHプログラムや構造化と称して一人一人を相互に遮断した個別学習の形態が確実に広がっているようである．さらに，自立活動の領域に「人間関係の形成」の区分が加わったことは「SSTが正式に居場所を得たターニングポイント」とされ，個別化に拍車がかかる（小貫，2017，p.63）．

その一方で，通常学級ではクラスワイドのSST，あるいは「集団随伴性」によるクラスワイドな支援が試みられるようになり，逆に個別的な配慮が埋没することへの懸念も生じている．定型発達者集団の行動変容に一方的に適合させられる結果になることに対する様々な議論もなされているようである（藤野，2017）．

何をもって一人一人の教育的ニーズに応えるとするのか，個別化すればいいのか，個別ニーズと他の子どもや集団のニーズとの関係をどうとらえるのか，そもそもニーズとは何か，改めて整理する必要があるが，実際には一人一人のニーズやねがいとは関わりなく指導が進められることも多いのではないか．

近年，キャリア教育の名による職業指導が強調され，高等部卒業生の就職率も上昇している．特にこの間，職業技能検定のための指導が広がっている．その嚆矢となったのが，東京都知的障害特別支援学校で2007年度から行われている清掃技能検定である．『テキスト』には，「清掃技能を身に付けることは，高等部を卒業した後も，あらゆる職場において役立ちます．また，手順を覚え，手順に従い業務を遂行する力を身に付けることも，あらゆる職場において役立ちます」と述べられている（東京都教育委員会，2016，p.1）．詳しく紹介はできないが，障害の種類や程度を念頭に置いた指導にはなっても，一人一人の教育的ニーズに丁寧に応える余地はほとんどなく，あくまで「手順に従い」考え，判断し，行動（表現）することしか指示できないのではないか．

参考までに，ディズニーランドの清掃作業を統括する我孫子は次のように述べる．まず考えるべきは「なぜ清掃し，片づけるのか」「何のための清掃・片づけなのか」であり，「けっしてやってはいけないのは，いきなり「どう清掃し，片づけるのか？」というテクニックばかりを彫り始めること」である（我孫子，2013，p.21）．もちろんここでもノウハウやテクニックはあるが，「きわめて基礎的，原則的なことしか定めていない」し（p.76），「本当に大切なのは，マニュアルに書かれていないこと」で，「マニュアルを細部まで決め込まないことで，それぞれの担当者に思考することを促す」のである（p.78）．

「本当に恐ろしいのは，マニュアルになれきってしまうと，やがて自発的な思考を行う力そのものが失われてしまい，自分の行動が不自然だと感じる感情さえなくし，ただ条件反射的に動き始めてしまうことです」（p.84）．

こうした考え方を職業としての清掃に一般化できるかどうかは別にして，少なくとも学校教育の指導においては取り入れるべきではないだろうか．

3　インクルーシブ教育システムのレトリック

（1）推進会議から中教審報告へ

この10年の後半を特徴づけたのは，2012年7月の中教審初等中等教育分科会報告「共生社会の形成に向けたインクルーシブ教育システム構築のための特別支援教育の推進」である．そしてその後，「インクルーシブ教育システムの構築」が政策，研究，現場の至る所であたかも枕詞のように謳われるようになるが，実際には従来の特別支援教育の路線を変更するものとはなっていない．
「報告」では，インクルーシブ教育システムとは「障害のある子と障害のない子が共に学ぶ仕組み」であり，「同じ場で共に学ぶことを追求するとともに，個別の教育的ニーズのある幼児児童生徒に対して，自立と社会参加を見据えて，その時点で教育的ニーズに最も的確に応える指導を提供できる，多様で柔軟な仕組みを整備することが重要である．小・中学校における通常の学級，通級による指導，特別支援学級，特別支援学校といった，連続性のある『多様な学びの場』を用意しておくことが必要である」とされている．

「共に学ぶことを追求する」以外は現行の特別支援教育の説明と変わらない．インクルーシブ教育システムは，あたかも障害者権利条約の条文を直訳しているかに思わせているが，「あらゆる段階でのインクルーシブな教育制度」すなわち教育制度全体をインクルーシブにするという条約本来の趣旨とは異なるものだといえよう．

（2）構築事業，推進事業

2013年度から3年間「インクルーシブ教育システム構築事業」が進められた．当初その内容は大きく三つの事業から成っていたが，そのうち二

つは「早期からの相談・支援体制構築事業」と「特別支援学校機能強化モデル事業」という従来からの特別支援教育の施策である．もう一つの「インクルーシブシステム構築モデル事業」も，その内容は交流及び共同学習や合理的配慮が中心で，総じて「共に学ぶ」ことに関係した特別支援教育の施策の組み合わせであり，あくまで特別支援教育の枠内の事業にとどまっている．2016年度からは「インクルーシブ教育システム推進事業」に改称し，2017年度予算では15億円が計上され，30地域の支援や「特別支援教育専門家等の配置促進」（看護師等）が進められているが，基本的な性格は変わっていない．

合理的配慮は，障害者権利条約を踏まえて新たに導入された施策のようにも見えるが，その内容も従来からなされてきた特別支援教育としての支援・配慮との違いや基礎的環境整備との区別が教育現場では十分に理解されておらず，障害のある子が通常の教育について行けるための支援にはなり得ても，それはせいぜいインテグレーション（統合教育）の施策であり，通常教育そのものの改革，すなわちすべての子どもの多様なニーズに応えるためのカリキュラムや指導法の改革を本質とする本来のインクルーシブ教育ではない．

（3）通常学級の取り組みの動向

以上のような政策動向とは別に，通常教育の現場では，発達障害の子どもへの指導法を応用した全ての子どもの分かりやすい授業の技法として，授業のユニバーサルデザイン（以下UDL）が席巻しつつある．UDLがインクルーシブ教育の実践となり得るのかという議論はここでは触れないが，合理的配慮との関係で気になるのは，UDLが合理的配慮の提供につながるという解釈である．

例えば国立特別支援教育総合研究所のインクルーシブ教育システム構築支援データベースには，中学の通常学級で知的障害と自閉性障害を併せ持つ生徒にUDLを試みた事例が2例あるが，いずれも「合理的配慮提供の取り組みとして」UDLが行われている．

UDLは確かに通常教育の授業改革の試みであり，またUDLではカバーしきれない子に対して補助的プリントを与えるなど，合理的配慮といえることも行われているであろう．しかし，それはUDLに付随して行われる合理的配慮であって，個々の子どもへの特定の場面における変更・調整である合理的配慮と，全ての子どもを対象とする（したがって個別の変更・調整ではない）UDLとは次元の異なるものである．最も注意すべきは，UDLの技法を用いれば合理的配慮をしたことになる，あるいはUDLを行わないと合理的配慮を提供しないことになり差別になる，といった論法で教育現場が管理されてしまわないかということである．そうなると，UDLに適合しない子どもに対し，本来なされるべき合理的配慮が等閑視され，逆にそうした子どもの排除することになりはしないだろうか．

おわりに

生徒数，学校・学級数，その他様々な整備体制という量的な面は，この10年でまさに拡大しているが，質的にはどうであろうか．特別支援教育の基本理念であったはずの，一人ひとりの教育的ニーズに応じることとは裏腹に，依然として障害の種類と程度に応じた指導が，しかも個々の子どものねがいに寄り添うことを許さない形で進められてきてはいないか．通常学級在籍の障害のある子への支援を謳いながら，実際にはそうした子どもを通常学級に居づらくさせていないか．特別支援学校という制度は正しい選択であったのか．インクルーシブ教育システムの事業は，それ自体否定するものではないが，本来のインクルーシブ教育から目をそらすことになっていないか．

学習指導要領が改訂され，特別支援教育はまた新たな段階に入ろうとしているが，次の10年を展望するに当たり，この10年の総括を決して安易な肯定的評価に終わらせてはならない．

文　献

我孫子薫（2013）ディズニーの片づけ．中経出版．

荒川智（2010）特別支援学校学習指導要領の改訂と教育実践．障害者問題研究，第38巻第1号，pp.9-19．

荒川智（2015）特別支援学校制度の虚実──「障害種別を超えた学校」でよかったのか．民主教育研究所年報，第16号，pp.115-121．

藤野博（2017）社会性とコミュニケーションの支援．柘植雅義&『インクルーシブ教育の未来研究会』編，特別支援教育の到達点と可能性，金剛出版，pp.66-69．

河合隆平（2016）特別支援学校における教育要求の組織化とその今日的課題．障害者問題研究，第44巻第1号，pp.2-9．

京林由季子（2017）幼稚園（保育所，認定こども園）におけるインクルーシブ保育．柘植雅義&『インクルーシブ教育の未来研究会』編，特別支援教育の到達点と可能性，金剛出版，pp.10-13．

中村尚子（2015）特別支援学校過大・過密化によってもたらされる問題──3校教職員ヒアリング調査から．民主教育研究所年報，第16号，pp.129-137．

小貫悟（2017）ソーシャルスキルトレーニングの指導．柘植雅義&『インクルーシブ教育の未来研究会』編，特別支援教育の到達点と可能性，金剛出版，pp.62-65．

東京都教育委員会（2016）平成27年度改訂版　都立知的障害特別支援学校清掃技能検定テキスト．

Review of the Past Decade of Special Needs Education in Japan
ARAKAWA Satoshi *(Ibaraki University)*

This paper reviews the past decade of special needs education (SNE) in Japan based on statistical and political sources. It examines whether the original concept of SNE has been achieved and if its goals are reasonable. SNE should ideally be education depending on individual needs, but the reality of SNE is dependent on the art and the degree of students' disabilities. The number of SNE students is increasing, and therefore supporting students with disabilities in regular classes is difficult. The system of special needs schools has many problems. The inclusive education system promoted by the Ministry of Education, Culture, Sports, Science and Technology differs from truly inclusive education. SNE over the past decade should not receive a positive evaluation.

Key words: a decade of special needs education, special needs school system, personal educational needs, inclusive education system

特集 特別支援教育施行10年

小学校通常学級における子ども理解と授業づくりの課題
全国学力学習状況調査体制の下で

石垣 雅也

要旨

　小学校通常学級においては全国学力学習状況調査の結果から導かれる子どもの課題と，それに対する授業改善が強く求められている．その結果通常学級の教育は調査結果と指導法が直線的に結びつけられ，一人ひとりの子どもの学習の事実が排除される傾向が強まっている．これは特別支援教育上最も重要な一人ひとりの子どもの発達的課題や学習上のニーズを把握することが教育実践から排除されることにつながる．それらの現状を踏まえ本稿は，調査結果がどのようにして指導方法までを規定していくのか，学習に課題のある子どもの実践における実践上の課題，実践上の制約が強まる中でも一人ひとりの子どもの学習の事実から始める教育実践の構想とその実践事例について述べた．

キーワード 授業の中の子ども理解，学習の事実，全国学力学習状況調査，指導の画一化

はじめに

　特別支援教育の制度化から10年．この10年は小学校では同時に全国学力学習状況調査体制の10年でもあった．一人ひとりの発達的ニーズに応じた教育と，全国学力学習状況調査（以下，学・学調）の結果から子どもの課題が導かれていく教育．相反するような教育政策の中で，小学校通常学級の教育はどうなっているのか．2006年に小学校教員として採用され，11年間通常学級の担任をしてきた私自身と私が関わってきた小さな研究会やサークルでの現場教師の実感から，小学校における子ども理解と授業づくりの現状と課題について論じたい．

1 PDCAサイクルを遂行する，主体を奪われた「代理人」としての教師

　2020年度完全実施の学習指導要領に「カリキュラムマネジメント」という新しい言葉が記されている．「横文字」の横行などと批判されることもあるが，本質はそんなところにはない．学習指導要領第1章の総則4では次のようにカリキュラムマネジメントについて記されている．

　「各学校においては，児童や学校，地域の実態を適切に把握し，教育の目的や目標の実現に必要な教育の内容等を教科等横断的な視点で組み立てていくこと，教育課程の実施状況を評価してその改善を図っていくこと，教育課程の実施に必要な人的又は物的な体制を確保するとともにその改善を図っていくことなどを通して，教育課程に基づき組織的かつ計画的に各学校の教育活動の質の向上を図っていくこと（以下「カリキュラム・マネジメント」という．）に努めるものとする．」

　中央教育審議会教育課程企画特別部会の論点整

いしがき　まさや
近江八幡市立岡山小学校

理では，カリキュラムマネジメントの三つの視点が示されている．その二つ目の視点として，「教育内容の質の向上に向けて，子供たちの姿や地域の現状等に関する調査や各種データ等に基づき，教育課程を編成し，実施し，評価して改善を図る一連のPDCAサイクルを確立すること．」としている．全国一斉学力学習状況調査という「調査」に基づく，PDCAサイクルの確立という役割がカリキュラムマネジメントの中心的役割として与えられたということである．

年度始めにひとまず作られる計画表に過ぎないという平均的教師の感覚だった「カリキュラム」を一人一人の教師がマネジメントすることが求められている．つまりPDCAサイクルを「回す」主体たれという教師への要求が学習指導要領に書き込まれたのである．

学・学調査が基点となるPDCAサイクル．教育実践を計画し，実施し，評価し，修正していくというサイクルは，教育実践を進めていく上で必要な要素ではある．しかし，学習指導要領が法的拘束力を発揮し，教育課程の自主的な編成，教科書の選定，さらには教科書教材以外の教材の使用などが極度に限定されている現状では，実際には計画の立案から教師は排除される．つまり，政策的に設定される計画への立案過程からは排除された状態で，それを遂行するための計画を立てることが要求されるのである．

勝野正章は，客観性の教育のスタンダードと達成目標が，教師の専門性において把握する学習の事実に取って代わることを指摘している[1]．世取山洋介が新自由主義教育改革の中で「教師は，中央政府から始まるPA（主人－代理人）関係の連鎖の末端にある代理人として位置づけられ，その職務遂行上の自立性を奪われ，教職の専門職としての性格は消滅する[2]」と述べていることと重なりを見せる．

新自由主義的教育改革の中で，学・学調査の結果を子どもの実態と規定し，それを起点とするPDCAサイクルを回すことが「代理人」としての教師に要求されることとなっている．

2　子どもの学習の事実の排除の進行

勝野が指摘する「客観性の教育のスタンダードと達成目標が，教師の専門性において把握する学習の事実に取って代わる」ような実例を一つ紹介したい．

2013年度の学・学調査から，授業の冒頭で目標（めあて・ねらい）を示す活動と，授業の最後に学習したことについて振り返る活動を行ったかどうかの調査項目が追加された．2013年度のクロス集計結果の分析では，「（授業の冒頭で目標（めあて・ねらい）を示す活動と，授業の最後に学習したことについて振り返る活動）を積極的に行った学校ほど国語B（活用）の記述式問題の平均正答率が高い傾向が見られる」という分析結果が示されている．このような学・学調査の結果，分析と日常の指導とが関連付けられ，それらが授業改善の指標として提供され，校内での研修を通じて授業改善の重点が決められていく．

このころから官製研修や校内研究において，授業の始めに「めあて」を示しているか，黒板にめあてが書かれているか，今日の授業を振り返ってまとめができているかが，授業改善の視点として強調されるようになった．ある小学校では「めじとま」という合言葉で使われている．

「め」は授業の初めにめあて（今日の授業の課題）を示す．「じ」は自分の考えを書く．「と」は友達の考えを聞いて話し合う（黒板にはクラスの子どもたちの考えが書かれる．「ま」は1時間の授業のまとめ．授業終了後のノートが，項目ごとにすっきりとまとめて書かれていると復習もしやすい．このように，1時間の授業を形式化することが校内研修や校内の学力向上に関する部会，特別支援の部会等を通して，学力向上，子どもへのわかりやすさという名目で推奨され，広がっている．

私たち[3]がここ数年続けてきた小さな研究会で，ノートが書けなくて困っている子を担任している先生の報告があった．その子のノートには，

「めあて」と「まとめ」だけが，マスに収まらない，整わない文字で書かれていた．その子のノートの文字からは書字困難がうかがえた．その子の1時間の様子を担任にたずねてみた．めあては書いたけれども，自分の考えは書けず，そのまま机に突っ伏してしまった．授業時間の終了にあたって，「せめてまとめだけでも書こう」と担任は促し，なんとか，まとめだけは必死で書いた．

この子の苦しい姿は容易に想像できた．そのノートを持参した参加者である担任に，「めあてやまとめというノートのスタイルにこだわらず，要点を短く書き写すなどの配慮はできないか」と聞いてみた．すると，学校でノート指導の形式が統一され，それに取り組むことが学力向上の部会で決められており，取り組まねばならない．めあての書いていない黒板やノートが管理職や，学力向上の部会の教師たちの目に止まると，「なぜ書いていないのか」と問われ指導を受ける．「めあてとまとめを書かないでいいとは言いがたい．子どもがそれを書かないのは教師の指導力のなさとみなされる」という返答であった．その他のノートのページを参加者で見ていきながら，この子はかなり書くことに困難を抱えているという「その子の学習の事実」を確かめ合い，共有していった．そのやりとりのなかでこの担任は，「こんなに書くことがしんどくて，めあてとまとめだけ書いてもそれって社会科の学習になっているんですかね」と自問を始めた．

授業の課題を明確にし，自分の考えを持って友達と話し合い，授業の最後に振り返るという授業形式そのものを否定するわけではない．授業形式が決まっていることで，どの教師でも同じような授業をでき，子どもが指導法の違いで混乱することがないともいわれる．しかし，「合言葉」や形式が重視され，目の前の子どもの姿が置き去りにされる．本来であれば起点に据えられなければならない一人一人の子どもの学習の事実がそこから排除され，学習指導の構想や指導方法の画一化が図られる．学力調査から導かれる結果が，目の前の子どもの学習の事実に取って代わる．このような事態を「子どもの学習の事実の排除」というのはいい過ぎだろうか．

3　学習に課題のある子どもの実践における課題

（1）事例1　教科書をめぐる課題

私たちは，2012年1月，「気になる子の指導に悩むセンセのための学習会」という学習会を始めた．この学習会は，通常学級において，気になる子ども（特別支援対象の子どもや，対象として校内委員会等では認められなくても，担任がこの子の学習状況が気になるなぁと感じる子ども）に対し，担任としてできることはないだろうかということを，考えていこうと始めた学習会であった．

小学校2年生の担任は，指導要領が変わって，特に算数でつまずく子どもたちが増えているように感じていたという．「それは，2年生4月の単元『時間と時刻』です．ある時刻の何時間後・何分後（前もある）の時刻や，経過した時間を求める学習なのですが，わかる子はわかる，わからない子は具体物を使っても教材を工夫してもわからない，といった状態でした．しかも5月の家庭訪問で，困っていた子のおうちで『うちの子，あの勉強，ぜんぜんわかっていませんねえ．』『どうしたらいいですか？』と言われることが多く，私自身困っていますなんて言えず，『難しいですよねえ．学校でも繰り返し復習していきますから』と答えるのが精一杯でした」．

長時間過密労働と管理統制にあえぐ学校では，教材（主たる教材としての教科書を含む）を選択し，子どもの実態を踏まえて配列する時間的，心理的自由が保障されていない．それらが，学校・教師に豊かに保障されていれば，12進法の「1時間」と，60進法の「分」が混在して表されているこの学習内容が，無理をして2年生の子どもたち（4月であれば7歳になったばかりの子と8歳になったばかりの子が混在する集団）に学ばせなければならないかどうかということは教師の経験上判断がつくはずのことである．事実，「これっ

てあんまりしつこくやりすぎても，このタイミングでわからない子にはわからないよ」というような会話が低学年の経験豊富な教師から語られている．指導要領や教科書で規定される教育内容が当該学年の子どもたちの学習課題として適切かどうかということを教師は集団的な経験の蓄積として持ち合わせているが，その蓄積が豊かに発揮されないという現状がある．それは，学校・教師に教育課程編成権や，教材の決定権が保障されていないということに起因している．障害があったり，発達の遅れや偏りなどを示す多様な子どもたちを通常学級で受け止め，その学習と学校生活を保障することがインクルーシブ教育であるとすれば，その前提として，通常学級教師の教育実践上の条件＝専門職としての自立的な判断が保障されているかが問われなければならない．

（2）事例2　学級集団における課題

掛け算の九九が5年生になってもどうしても覚えられないゆうせいくん（以下，すべて仮名）を担任した．九九が覚えられないので，割り算をする時は，割られる数の分だけ棒線を書いて，それを割る数の分だけ円で囲っていくという方略を用いている．それに気づいたのは，算数のテストの余白に100を超える棒線が書いてあり，そのうちのいくつかが円で囲われていたが，途中でその円が途切れていたのを発見したからである．ゆうせいくんに，これなに？って尋ねると，先の方略を説明し「でも，もういやになってん」と教えてくれた．このようなゆうせいくんへの支援として，九九表を持たせる，計算機の使用を認めるということが考えられた．その時に，ゆうせいくんの他のクラスの子どもたちから「なんでゆうせいだけ，ずるいぞ」という声があがることが予想できた．そこで九九表については，希望者全員に配布することにした．計算機の使用については，「計算機を使わなければこの学習が困難だという子は誰でも使っていい」として，子どもたちに投げかけてみると，実際に計算機を使った子は数人であり，その子たちも程度の差はあるが九九の暗唱に

困難のある子どもたちであった．評価の段階では，計算機を使った100点と，使っていない100点は同じ評価にはしないということを子ども達に伝えた．そして，計算機を使った問題は青で○をつけることにした．ゆうせいくんはテストが返ってきた時に「めっちゃ久しぶりの100点や！」と喜んだ．周りの子どもたちからは「青○やんけ！」と突っ込まれていたが，ゆうせいくんは「ええねん．ほんまにひさしぶりの100点やねんから」と，喜んでいた．

特別扱いへの不満の根本には，不満を表出するその子自身が学習上の困難を表出した時に，どのような対応をしてもらってきたかという経験の蓄積がある．どの子もが，その子の困難を聴き取られ，対応を一緒に考えてきてもらったという実感があれば，それは特別扱いではなくなる．その子自身の納得と，その子の周囲の子の納得とを作っていく合意形成の時間と場が保障される必要がある．

（3）事例3　子どもの自己認識上の課題

ようたくんが「もういやだ，見つからない！」と言って国語辞典をバタンと閉じた．辞書の使い方を学習している時間だった．初任者の先生が担任をしているこのクラスに，1時間サポートで入っている．「隠し絵（かくしえ）」という言葉の意味を調べている時のことだった．ようたくんのそばへ行き，先生と一緒にしらべようか．と，そっと声をかけると，「もういやだ」と言っていたようたくんがウンと頷く．か，か，か…と言いながらかの頁を開く．すると，ようたくんは，そのページに指を挟み，国語辞典をバタンと閉じた．また諦めたのかなと思ったが，ようたくんは表紙をめくり，50音表を指でなぞり始めた．「く」の所でようたくんの指が止まり指を挟んだページを開き，かく，かく，と言いながら「かく」にたどり着くと，また国語辞典をバタンと閉じて，50音表の頁を開いた．再びようたくんは，50音表をなぞり始めた．ようたくんは，読んだり書いたりするのが苦手だった．50音表なしでは「く」がカ

行で「き」の次ということがパッとでてこないことがうかがえた.「いや」になるのは無理もなかった. この表があったら, みつけられる？とたずねると,「うん, こっち開いたりあっち開いたりしてるうちにわからなくなるねん」と言った.

50音表をコピーして「ほしい人」とクラスでたずねると, 半数くらいの子が手を挙げたので全員分の表を用意した. そして, ようたくんだけでなく, 他にもほしい子がいたらあげるといいよ. と言って50音表を担任に渡した.

お昼休みに,「石垣先生！ 聞いてください. ようたくんがね, 先生, なにか調べてほしい言葉ある？ 俺調べてあげるわ！と言って, 給食準備の時間に言ってきたんです！ あんなに辞書で調べるの嫌がっていたのに」と声を弾ませて担任が話してくれた. 一方で, もう一人ようたくんと同じような課題の子がいたが, その子は「僕はいらない」と言って受け取らなかったそうだ. 学習上の課題をその子がどう認識しているかも支援を行う上での課題となってくる.

（4）三つの事例の小括

教材選択, 学級集団, 子どもの学習に対する自己認識や構えの三つを例に挙げたが, 子どもの学習の事実は, その学習内容における認知的側面の課題だけに収まらない. つまり, 認知的なある課題に対して有効な指導法であっても, 通常学級の教育においては少なくとも先に挙げたような三つの課題も含み込んで, その指導法が有効であるかどうかが問われるのである. その点においても, 学習指導においてある一つの指導法がすべての子どもに有効であるとはいえないのである. 平たく言えば, 同じ課題に見えても一人一人子どもは違うのだから, 画一的な指導法が, すべての子どもたちの学習上課題に有効であるはずがないということである.

今日の画一的な指導法の導入は, 校内, 校区単位, 行政区単位で統一し, 共通に行われる. そのため, 子どものどのような学習の事実から指導法が導き出されたかを個々の教師に問わない. それ

は, 教師の専門性を低下させる危険性を孕んでいる.

4 学・学習調査体制のもとでも可能な対抗的教育実践の構想

（1）限られた条件の中でも取り組める教育実践の構想

学習上の課題がある子どもたちへの指導上の課題として, 教科書, 学級集団, 子どもの自己認識と, さしあたり三つの課題を上げた. この三つの課題を克服しうる実践構想は, 学・学調査体制のもとでは大きな困難を伴う. 教師がその子どもの事実を取り戻していく道すじを求めていくには, このような条件下でも可能な実践, つまり絵空事や理想論でなく, 名人芸のような「教育実践」でもない実践が必要である. それは, 一人一人の教師が「あ, それならやってみたい」と思えたり,「やってみたら面白かった」と思えたりするような実践の構想である.

「授業の中の子ども理解と教育実践研究会」では①教科書教材をつかってもできる, ②スタンダード化の中でもできる, ③子どものノートなどの学習の事実を持ち寄ることと, 実践上の困難を子ども, 家庭, 教師の力量に帰さないことを原則とした実践研究会を月に1回程度開催してきた. 紹介するのはその研究会で取り組んだ実践である.

（2）授業の中の子ども理解の実践事例

1）学習感想を手掛かりとした子ども理解

東京書籍『新しい算数3年上』「新しい計算を考えよう［わり算］」p.38〜p.50の単元での実践である. 教科書会社作成の指導書による配当時数は10時間. 学級の子どもの状況に応じ, 問題文の表現を変えたり, 練習問題の問題数を増減したりしたが, 原則として東京書籍発行の指導計画細案に則して指導を進めた. そのなかで最も重視したのは「学習感想」を活用して「子どもの声を聴く」ということだ.

配当時数10時間の内, 学習感想を書いたのは

5回．学習感想は一時間の授業の最後に，子どもが算数ノートに「今日の学習の振り返り」として書く時間を設けた．授業の終わり，おおむね3分から5分を使い，分量としては1行17マスのノート（うち15マス分を使用）の3行程度が目安になる時間である．

子どもからの「どれくらい書いたらいい？」という問いには，「書きたいことを，書けるだけ書いたらいいよ」と返した．授業後は，子どものノートを回収し全員分の感想を一覧表に打ち込んだ．一覧表には，1時間ごとの感想を打ち込む欄と単元の評価テストの得点欄，単元評価テストの1学期分の合計得点を打ち込む欄を作成した．一覧表にしたのは，授業が進んでいく中でその子の感想に共通点があるのかないのか，変化があるのかないのかなどを知るためである．

学習感想には，「わかったこと，できたこと」や，「わからなかったこと，むずかしかったこと」を書くように指示しつつも，その四つの視点に限定するのではなく，それ以外の振り返りも書ける余地がうまれるように，さらに以下のような工夫をした．ひとつは，「わかったこと，できたことは「！」で表せることだから，わかったこと，できたことの他にもそんなことがあれば，それを書いてもいいよ」という指示，もう一つは「わからなかったこと，むずかしかったことは「？」で表せることだから，そんなことがあればそれを書いてもいいよ」という指示である．それにより，「うれしかったって，！で書いていい？」「できるかなぁって心配なことは，？で書いていい？」など，子どもの側から学習感想に書きたいことの内容を拡張していくような要求があがった．

子どもがその授業をどうとらえているかということを理解することが「授業を通した子ども理解」であるので，このような子どもの声を受け入れて，「！」や「？」を書くことが振り返りを書く時間であることを子どもたちとたしかめた．

子どもの感想へのコメントを書いたり，文字や文章表記のまちがいを訂正したりはしない．この1時間の授業を振り返った中でどのような思いやねがいを持ったかを教師が理解し，その後の指導に生かすためである．文字，文章表記の間違いがあっても，それを理解する上では何ら支障はないからである．子どもの書いた文章が読み取れなかった時には，その子どもに「これってどういうこと？」とたずね，口頭で説明をしたことを記録したり，本人が書き直すといった場合にのみ書き直しをさせたりした．

2）学習感想をどう読むか

子どもの書いた感想は，まず書かれていることをそのまま読むことからはじめ，次にその時間の学習場面以外の子どもの姿と重ね合わせてみる．

第1時間目の感想からそのことを紹介したい．第1時間目の指導細案には「p.38の絵を提示し，焼きそばとジュースの分け方の違いを話題として取り上げ，自由な話し合いなどをしながら，わり算への興味・関心を高めるようにする」とある．体の大きさに応じてわけられた焼きそばと，均等に分けられたジュースの絵を見ながら「分ける」ということについて，子どもたちの生活経験に則して考える場面である．均等に分ける，つまり等分して，1あたりの量を求める計算を（等分除の）割り算ということを学習していく．

ミカさんの感想

「わけかたの勉強はちょっとむずかしかった」と書いてあったが，ノートに記された分けた量の絵についての説明の記述は，等分する分け方と，等分にならない分け方があることを理解した記述になっている．

感想だけを読んでいると，ミカさん今日の授業の内容を理解できたのかな？と心配になるが，発言やノートの記述から，その心配はないようである．

しかし一方で，よくできているように見えても本人は「ちょっとむずかしかったな」とらえている子どもの実感がある．

コウイチ君の感想

「ことばでかくのはむずかしかったけど，絵を見てかんがえたらかんたんでした」．

コウイチ君は視覚的な資料から情報を読み取る

ことに得意さを感じている．国語の授業でも，本文からわかることよりも，挿絵や写真からわかることをもとに発言することが多い．漢字を書くことや，話を聞くことが少し苦手で，私からは「コウイチさん！　聞いていますか？」とよく注意される子である．

その子の書いた感想と，その時間の学習の様子と，それ以外の時間や場面での様子とを重ね合わせることで，その子の姿が立体的に肉付けされて見えてくる．

「本時のめあて」に対しての感想だけを書かせるのでは，その1時間でその子がその時間の学習内容を分かったかどうかが見えてくるだけである．授業の中での子ども理解は，子どもの学習感想は書かれたものをまずそのまま受け止めるということと，その子の授業の中の姿と照らし合わせることで深まっていく．

3）学習に困難さを抱える子どもの感想から

学習内容の定着が難しい子どもがクラスに数名いる．単元末の評価テストの得点が下位層の子どもの学習感想を紹介したい．ナミさんは第1時間目の感想で「わりざんが大すきになったよ」と書き，評価テスト前の第9時間目の感想で「算数がきらいだったけど，すきになって，わり算をだいすきになりました」と書いている．

登校しにくくなっていた時期がこの単元中にあったモエさんも第8時間目の授業では「きょうわり算をしました．きょうはできたと思うけど，あしたはだめだと思います」第9時間目の授業では「きょうわりさんをしました．わりざんは，はじめはむずかしかったけど，わかったからうれしいです」と書いている．

二人とも算数は一年生の時から苦手で，掛け算の九九，繰り下がりの引き算に困難さがまだ残っている．そのことから考えれば，わり算という新しい計算の学習は「大すき」で「わかったからうれしい」と実感しているが，九九が定着していないことが評価テストでのわり算の計算の間違いにつながってしまっている．記憶し，それが定着することに困難のある一定数の子どもたちにとっては，記憶し，定着していることが前提で進められていく学習内容を含む授業は，非常に苦しい時間のはずである．子どもたちにとっての再学習の時間や場が保障される必要がある．

4）算数の時間以外の生活場面とつないで子ども理解を深める

シンイチくんのノートには，消して書き直しをしている跡がたくさん残っていた．しかし練習問題や考え方など書かれていることはほぼ正解であり，学習内容を十分理解した内容であった．

しかし，シンイチくんの感想には，「こんらんした」「わけがわからなくなった」という言葉が書かれていた．その時間の練習問題や，これまでの単元テストの結果などからも満点に近い点数を取っている．

シンイチくんは，日常生活の様々な場面で，○○していいですか？　△△は，どうすればいいですか？　と担任に対してたずねてくることがとても多い子だった．このノートの感想を見ながら，こんな会話をした．

私「できてるのに，こんらんしたの？」
シ「うーん．できてるねんけどなぁ．なんか心配やねん．すぐ心配になるねん」
私「じゃあ，いつもいろいろ聞きに来るときは，わからなくてきいてるっていうより，心配だから聞きにくるの？」
シ「うん．心配やねん」

心配やねんといった時のシンイチくんはちょっと照れたような表情だった．

その後，シンイチくんが何かをたずねてくる時は「うん．だいじょうぶやで」と，質問の最後に答えるようした．すると，「先生ちょっと心配あるねんけど聞いてくれる？」とたずねてくるようになってきた．できる／できない，だけでは測れない子どもの不安や迷い，混乱といった心的状況が学習感想を通して見えてくることもある．それが学習内容の難しさからくるものなのか，その子のいわゆる「内的条件」としての不安の強さからくるものなのかは学習感想を手掛かりに日常のそれ以外の場面の姿と往還しながら理解していかな

ければならない．

おわりに

茂木俊彦[4]は，教師が子どもを内側からつかめるようになっていく過程を次のようにいう．「子どもをつかむことと実践とはいわばらせん階段を上っていくような関係を持つものだといえるように思う．そして教師はその過程で何度も自分の実践にたちかえり，そのことによってますます深く子どもをつかめるようになっていく．ときには何をやってみても子どもに拒否され，変わってもらえずで，沈んだ気分になることがあるかもしれないが，その原因を子どもにだけ求めてしまわないで実践のあり方を吟味し続けるなら子どもそうした困難にぶつかる前よりもはるかによくつかめてくる」．

子どもの課題がなんらかの発達障害に起因するものであっても，生活上の困難に起因するものであっても，教師が子どもの学習の事実や子どもの声から，その課題やその子への指導を構想する．これが教師の専門性の中核にあるのではないだろうか．

本稿では，子どもの学習の事実のつかみ方として，学習感想の活用を実践事例としてあげた．これは，画一化し，子どもの学習の事実に向き合い難くなっていくという日常の授業の現実において，教師にとって子どもをつかむという難しくもやりがいのある仕事に変えていく道筋の模索である．

茂木のいうように「子どもをつかむことと実践」とを一体のものとして子どもを内側から理解していくための，実践的試みでもある．「なぜこの子がここでこう書いたのか」を考えあう時間を，授業の事実をもとに考え合う時間が，教師の専門性が最も磨かれる時間である．

もちろん，授業の中の子どもを理解していく方法はここで論じた方法に限られない．子どもの学習の事実に向き合った時に生じる困難や，その克服への具体的な模索を持ち寄り，子ども理解を共に深めていきたい．

なお本稿は，つぎに掲載した事例を中心に，大幅に再構成したものである．

石垣雅也・窪島務著（2017）担任ができる実践研究の可能性についての予備的考察――「学習感想」を活用した「子どもの声を聴く」実践研究を通して．滋賀大学教育学部附属教育実践総合センター紀要，第25巻．

石垣雅也（2017）学習感想から子どもの声を聴く．教育，6月号．

石垣雅也・窪島務（2017）通常学級におけるインクルーシブ教育．黒田学編著，アジア・日本のインクルーシブ教育と福祉の課題，かもがわ出版．

注

1）勝野正章（2015）教育の「質保証」と教育行政の中立性．教育，9月号．P.37．
2）世取山洋介（2008）新自由主義教育政策を基礎づける理論の展開とその全体像．佐貫浩・世取山洋介編著 新自由主義教育改革――その理論・実態と対抗軸，大月書店．p.46．
3）「授業の中の子ども理解と教育実践研究会」を2017年より開催している．通常例会は月一回度程度滋賀県内で．2018年の研究集会は3月に金沢にて開催予定．詳細は，著者までお問い合わせください．ishimasa.2317@gmail.com
4）茂木俊彦（1984）教育実践に共感と科学を．全障研出版部．pp.34-35．

特集 特別支援教育施行10年

特別支援教育制度下における就学システムの改定と就学動態

越野 和之

要旨

特別支援教育の具体化過程から今日に至る就学システムの改定として，①2002年学校教育法施行令改定，②特別支援教育発足時（2007年）の制度改定，③2013年施行令改定の3つの局面に注目し，それぞれの特徴と背景を述べるとともに若干の論点を指摘した．その上で，過去20年間の特別支援学校（旧・盲・聾・養護学校）小・中学部ならびに小・中学校の特別支援学級（旧・特殊学級）の新入学生（第1学年在籍者）の量的推移を検討し，数次にわたる就学システムの改変は，量的な指標で見る限り，現実の就学動態にはほとんど影響を与えていない可能性を指摘した．これらを踏まえて，地方自治体における体制整備とそれを可能にする国レベルの条件整備の必要性を指摘した．

キーワード 就学システム，就学動態，特別支援学校，特別支援学級

はじめに

「特別支援教育」の名による障害児教育制度の改革構想は，従来の特殊教育を「障害の種別と程度に応じて特別な場で行う」教育と規定し，その基本原理を改めて「障害のある子ども一人ひとりのニーズを把握し，適切な指導と必要な支援を行う」ことを理念とする新制度の構築を謳った．ここで言う「障害の種別と程度」とは，直接には特殊教育制度の下における盲・聾・養護学校や特殊学級等の対象規定を指すものであり，その考え方を「一人ひとりのニーズに応じた指導と支援」に転換しようとする以上，従来の対象規定ならびにこの規定に基づいて一人ひとりの子どもの就学先や教育の形態を決定する仕組み（以下「就学システム」）は根本的に転換される必要があったはずである．しかし，結論を先取りすれば，この転換

こしの　かずゆき
奈良教育大学

はなされなかった．2007年の特別支援教育の発足に先立って，2002年に（旧）特殊教育の対象規定および障害のある子どもの就学システムの一部改正がなされており，わが国教育行政はこの2002年改正をもってこと足れりとしたのである．

特別支援教育制度の発足以後，就学システムの一定の改変がなされたのは2013年である．ただしこれは，特別支援教育の内発的な改変というよりは，障害者権利条約という「外から」のインパクトと，2009年に発足した民主党政権の下で同条約の批准にむけた制度改革を実施しようとする動きに促されたものであった．しかし，民主党政権は2012年に下野し，就学システムに関する制度改定は，返り咲いた自民公明政権（第二次安倍内閣）の下で具体化されることとなった．2013年の就学システム改定はこうした経緯に由来する特徴を刻印されていると考えられる．

このような見取り図の下，以下では特別支援教育制度の具体化過程における就学システム改定として，①2002年改定，②特別支援教育発足時，③2013年改定の3つの局面を概観するとともに，

これらの制度改定が実際の就学動態にどのようなインパクトを持ったのかを検討する．

1 特別支援教育の具体化過程における就学システムの改定

（1）2002年学校教育法施行令改正

特別支援教育に関連して実施された就学システムの改定の第一は2002年の学校教育法施行令改正ならびに関連する通知等の発出である．この制度改正を基礎づけたのは2000年度に文部省（当時）が実施した「21世紀の特殊教育の在り方に関する調査研究」であったが，この調査研究自体が，実は同年4月の地方分権推進一括法施行という，文部行政にとっては「外在的」な事象に端を発するものであった．この地方分権推進一括法では，国（中央政府）と地方自治体（地方政府）の対等な関係を標榜する立場から，法令に定めのない事項について，通達等によって国が地方自治体の行政行為を規制すること（いわゆる「通達行政」）を禁じることとなったが，特殊教育分野においては，地方自治体における就学事務（就学指導委員会の設置および同委員会による「心身の故障の程度」等の調査審議等）は，特殊学級の対象規定とあわせて，1978年（養護学校義務制の前年）に発出されたいわゆる309号通達によって規定されており，また通級による指導の対象等についても，制度発足時（1993年）に発出された278号通達によって規定されていた．これらが先の経緯で「失効」したため，就学システム等に関する制度上の「真空」状態が生じたのである．

2002年の学校教育法施行令改正は，直接にはこの「真空」状態を解消することを課題としたものである．そこでは，同令に18条の2を新設して「専門家の意見聴取」（盲・聾・養護学校への就学ならびに「認定就学者」（後述）の小・中学校への就学を決定する際に，市町村教育委員会が「専門家」の意見を聴く）を定め，就学指導委員会の新たな根拠規定とするとともに，盲・聾・養護学校の対象規定（同令22条の3．いわゆる「就学基準」）の改正，「認定就学者」制度（「就学基準」に該当する者が「小・中学校において適切に教育を受けることができる特別な事情があると市町村教育委員会が認める」場合に，これらの子どもを小・中学校に就学させることを可能とする．同令第5条）の新設等を行った．

また，文部科学省はこの施行令改正に伴って，失効した309号通達ならびに278号通達を改めて「廃止」し，それに代わるものとして新たに291号通知を発出した．この通知では，改正施行令に基づき，盲・聾・養護学校への就学を決定する際ならびに「認定就学者」の認定の際の「留意事項」を新たに示したが，特殊学級ならびに通級指導の対象規定については，文言上の変更はあるものの内容的には309号ならびに278号の趣旨を踏襲した．就学システムについては，「専門家の意見聴取」のための機関として「就学指導委員会」を明示するとともに，その役割について「特殊学級や通級による指導について校長に助言を行う」ことを書き込み，施行令よりも拡張して規定した．ただし，先述のように，法令に定めのない事項に関する地方自治体の行政行為（「自治事務」）を国が規制することは禁じられたため，この通知はあくまでも「文部科学省の考え方を示す」ものとされ，地方自治体の判断によっては，これと異なる就学システムを構築することも可能とされた．なお，上記改正施行令ならびに291号通知を解説する趣旨で『就学指導資料』が刊行されている（この時の制度改定の評価は茂木，2002）．

（2）特別支援教育実施期の制度改定

2007年の特別支援教育発足時において，就学システムの基本的な枠組が変更されなかったことは既に述べた通りだが，関連する事項としていくつかのことを指摘しておく必要はある．以下時系列にそって概観する．

第一は学校教育法施行規則の改正による通級指導の対象拡大（2006年4月）である．この改正で，「学習障害者」および「注意欠陥多動性障害者」が新たに通級指導の対象に加えられ，あわせ

て従来「情緒障害者」の中に包含されていた「自閉症者」が別号として明示されることとなった（現行施行規則140条）．施行規則は障害名を列挙するに止まるため，その内実を規定するため，1178号通知が発出された．これにより，2002年改正の際に309号通達と278号通達が統合されて291号通知になったものが，再度複数の通知に分立することとなる．

第二は学校教育法施行令の一部改正である．特別支援教育関連法の国会審議では，就学システムに関わって「本人や保護者の意向を十分に聴取」する必要などが再三指摘され，このことは衆参両院の付帯決議でも項を設けて指摘された．こうした経過を受け，施行令18条の2に，「専門家」と並んで「保護者」の「意見を聴く」ことが付け加えられることとなった．この条文がもともと就学指導委員会の根拠規定として設けられたことを考えれば，文脈の異なる個々の保護者の意見聴取を同条に位置づけることは安直な改定との印象を免れないが，ともあれ「保護者の意見聴取」が法令上に位置づけられることとなった．

第三は2009年に発出された文科省初中局長通知第1167号（「「情緒障害者」を対象とする特別支援学級の名称について」）である．これによって，従来の「情緒障害」学級は，その名称を「自閉症・情緒障害」学級とすることとされ，「自閉症」をその対象に含むことが明示された．この通知も291号通知の部分的な変更と位置づけられ，特別支援教育の対象規定に関する通知は，先の1178号に加えて三本に分立することとなった．

特別支援教育発足時の就学システムに関する制度改定は以上の3点に止まる．その特徴としてまず指摘すべきは，「特殊教育から特別支援教育へ」という基本理念の変更に伴う制度改定であったにもかかわらず，その対象規定および就学システムには原則的に変更を加えなかったということであろう．盲・聾・養護学校を改めて発足した特別支援学校の対象規定では，従来の「盲者」および「聾者」をそれぞれ「視覚障害者」「聴覚障害者」に改めたものの，その内実を規定する施行令22条の3には手を触れなかった．特殊学級を改変して新設した特別支援学級については，視覚障害，聴覚障害についてさえ「弱視」「難聴」の語を変更せず，さらに法令上ではその内実が示されない「その他障害がある者で，特別支援学級において教育を行うことが適切なもの」（現行学教法81条2項6号）については，それが具体的にどのようなものを指すのかは制度発足まで示すことがなかった．結果的には291号通知の「特殊学級」の対象規定を引き続き流用することで，この「その他」は従来通り「言語障害」および「情緒障害」とされたが，管見の限り，このことは2007年4月まで一切明示されていない．

第二の特徴は，「特別支援教育元年」と喧伝された2007年4月に「間に合わなかった」ことが複数あるということである．その1つは上にも触れた特別支援学級の「その他」規定の内実である．地方自治体は，厳密に言えば，新たに発足する「特別支援学級」の対象規定のうち「その他」にはどういう子どもが該当するのかを知らされないまま，2007年4月にむけた就学手続きを行ったものと推測される．「保護者の意見聴取」についても同様である．その新設を定めた改正施行令の施行日は2007年4月1日であったが，当然のことながら，この年に就学した子どもの就学手続きは2006年度中に行われたのであり，これらの子どもは旧「特殊教育」のシステムを経由して「特別支援教育1年生」になったことになる．さらに，上記の「自閉症・情緒障害」学級に至っては，その施行は2009年4月である．もともとこの改正は2006年からの通級指導の対象規定における「情緒障害」と「自閉症」の分立に伴い，同様の対象規定をもつ特別支援学級についても整合性の確保が求められたところ，特別支援学級については対象規定を単純に分立させると，障害種別の学級開設の原則（施行規則137条）から学級数の増加が懸念され，その調整に時日を要したものと思われる．とは言え，特別支援教育の発足からは2年，通級指導の対象拡大から考えれば3年も遅れて，しかも学級増を避けた「・」による対象

規定であり，お粗末な印象は免れない（2007年制度改定の経緯と評価については越野，2007）．

2 障害者権利条約・障害者制度改革と2013年施行令改正

（1）障害者制度改革と中教審特特委員会

　特別支援教育関連法の成立（2006年6月）からその施行（2007年4月）の間に，国連総会は障害者権利条約（以下「条約」）を採択した．特別支援教育法制化をめぐる国会審議でも，条約の謳うインクルーシブ教育との整合性が論点とされたように，特別支援教育はその発足時から条約との関係で正統性が問われることとなった．文部科学省は，2008年からの2年間にわたり「特別支援教育の推進に関する調査研究」を実施，その「中間とりまとめ」（2009年2月）では就学システムの一定の改変を示唆したが，直後に発足した民主党政権下での障害者制度改革などとの整合性を勘案してか，同調査研究は最終報告を公表しないままその活動を終えることになる．

　一方，民主党政権下での障害者制度改革の中心組織であった障がい者制度改革推進会議（2010～12年．以下「推進会議」）は，その「第一次意見」（2010年6月）において就学システムのドラスティックな改革を指示した．すなわち，わが国の特別支援教育システムは「就学先や就学形態の決定に当たっては（中略）本人・保護者の同意を必ずしも前提とせず教育委員会が行う仕組みであり，本人・保護者にとってそれらの決定に当たって自らの希望や選択を法的に保障する仕組みが確保されていない」ことを指摘し，「障害の有無にかかわらず，すべての子どもは地域の小・中学校に就学し，かつ通常の学級に在籍することを原則」とすること，「本人・保護者が望む場合」ならびに「ろう者，難聴者又は盲ろう者にとって最も適切な言語やコミュニケーションの環境を必要とする場合」には，「特別支援学校に就学し，又は特別支援学級に在籍することができる制度」への転換などを求めたのである．この意見は，「すべての子どもは地域の小・中学校に就学し…」の部分が注目されがちだが，「本人・保護者が望む場合」以降に見るように障害のある子どものための特別の学校や学級を否定するものではなく，その最大のポイントは就学先や教育形態の決定にあたって，本人・保護者の「希望や選択を法的に保障する仕組み」の確保であったとみられる（越野，2011）．

　推進会議での議論を受けて改正された障害者基本法（2011年改正）第16条では，従来の「その年齢，能力及び障害の状態に応じ，十分な教育」という文言が「その年齢及び能力に応じ，かつ，その特性を踏まえた十分な教育」に改められるとともに，「可能な限り障害者である児童及び生徒が障害者でない児童及び生徒と共に教育を受けられるよう配慮」することなどが新たに定められ（第1項），あわせて「障害者である児童及び生徒並びにその保護者に対し十分な情報の提供を行う」こと，「可能な限りその意向を尊重しなければならない」ことなどが国および地方公共団体に課せられることとなった（第2項）．

　一方，文部科学省は中央教育審議会内に特別支援教育特別委員会（2010～12年）を設置，同委員会は2012年7月に「共生社会の形成にむけたインクルーシブ教育システム構築のための特別支援教育の推進」と題する報告を公表した．この報告では各論の冒頭に「就学相談・就学先決定の在り方」が扱われており，就学システムの改変が「合理的配慮」と並んで同委員会の中心的課題であったことがうかがわれる．就学システムに関する報告の提言は，次の5点に要約できる．

①「就学基準該当者は特別支援学校への就学が原則」という従来の仕組みを改め，障害の状態に加え「本人の教育的ニーズ，本人・保護者の意見，教育学，医学，心理学等専門的見地からの意見，学校や地域の状況等」を踏まえた総合的な観点から就学先を決定する仕組みとする．本人・保護者への十分な情報提供，その意見の最大限の尊重，本人・保護者と市町村教育委員会（以下「地教委」），学校等の合意形成等を前提として，最終

な決定は地教委が行う．
②地教委の「就学指導委員会」は，名称を「教育支援委員会」などに変更し，就学後の支援についても助言を行うなど，その機能を拡充する．
③子どもの「発達の程度，適応の状況等を勘案」して就学後も柔軟な転学等を認め，かつ，そのことを「すべての関係者の共通理解とする」．
④就学プロセス初期段階で，手続の流れや「柔軟な転学」の可能性等について，本人・保護者にあらかじめ周知する（「就学に関するガイダンス」）．
⑤本人・保護者と地教委，学校等の意見が一致しない場合，都道府県教委の「教育支援委員会」に第三者的な有識者を加えて活用する（例示）．

（2）2013年施行令改正

　以上の経過を受けた制度改定が2013年の学校教育法施行令改正である（越野，2017も参照）．その具体的な内容は，まず，市町村教育委員会による小・中学校への就学通知の発出（5条）について，従来「施行令22条の3に該当する以外の者」および「施行令22条の3に該当する者のうち『認定就学者』と認定する者」を対象として，特に前段で「就学基準」該当者を除外していた（「認定就学者」はその「例外」）仕組みを改め，原則としてすべての学齢児童生徒に対し，小・中学校の就学を通知する建前をとった．これに伴い「認定就学」の概念は廃棄された．
　一方，特別支援学校への就学については，地教委が「特別支援学校に就学させることが適当であると認める者」を，新たに「認定特別学校就学者」として概念化し，これに該当する場合は上記小中学校への就学通知発出の例外として，従来通り，特別支援学校の設置者である都道府県に通知する（11条）ものとした（その後，都道府県教委が特別支援学校への就学通知を発出する（14条））．なお，地教委が認定特別支援学校就学者の認定をする際に「勘案する事項」として，「障害の状態」に加え，「教育上必要な支援の内容，地域における教育の体制の整備の状況，その他の事情」の3点が示されることとなった（5条）．

　これに加えて，障害の状態の変化のみならず，上記「勘案する事項」（「必要な支援の内容」以下3点）の変化によっても転学の検討が開始できること，施行令22条の3該当者の区域外就学，保護者および専門家の意見聴取の機会の拡大（転学や中学校等への就学に際しても意見聴取を行う）等が新たに規定された．
　ところで，先にも述べたように推進会議等における就学システム改定をめぐる最大の論点は「本人及び保護者の意見」の法令上の位置づけにあったとみられるが，改正令は認定特別支援学校就学者の認定において「勘案すべき事項」のうちに「本人及び保護者の意見」を明示することはしなかった．同令改正の趣旨を解説した事務次官通知（25文科初第655号）は，改正障害者基本法等を参照しつつ，本人・保護者への十分な情報提供，その意見の最大限の尊重，本人・保護者と地教委・学校との合意形成は「改正令における基本的な前提」だと述べているが，施行令そのものに明示されなかった恨みは大きい．また，施行令22条の3については，「該当する者が原則として特別支援学校に就学するという『就学基準』としての機能」は廃止する一方，「我が国において特別支援学校に入学可能な障害の程度を示すものとしての機能」は維持するものとされた（文部科学省，2013）．この結果，認定特別支援学校就学者は22条の3に該当する者の範囲で認定することとされ，22条の3に該当しないとされた子どもについては「本人・保護者が望む場合…には，特別支援学校に就学…することができる」（推進会議一次意見）ための道は閉ざされている．
　この施行令は2013年9月1日付で施行され，2014年4月に就学する子どもたちから，新しい就学システムの下での就学先決定がなされることとなった．なお，関連して，同年10月4日付で「障害のある児童生徒等に対する早期からの一貫した支援について」（25文科初第756号）と題する初中局長通知が発出された．これは2002年の291号通知に代わるもので，これに伴い291号通知ならびにそれを補足する1178号（2006年），

1167号（2009年）は廃止された．また，2002年に刊行された『就学指導資料』も『教育支援資料』として刷新されることになった．

3　就学システムの改定と実際の就学動態

以上が過去15年あまりにわたる就学システムの改定の経過である．それぞれの特徴を再度確認することは避けるが，2002年の「認定就学」にせよ，通常学校・通常学級も含めて「適切な指導と必要な支援」を謳った特別支援教育の制度化（2007年）にせよ，またインクルーシブ教育を標榜する2013年の施行令改正にせよ，いずれも障害のある子どもの通常学校・通常学級での受け入れ促進を志向するものであったことは異論のないところであろう．では，そうした志向性を持ったこの間の就学システム改定には，果たしてどれほどの実効性があったのだろうか．この間，特別支援学校，特別支援学級で学ぶ児童生徒が顕著に増加していることについては既に多くの指摘があるが，ここでは就学システムと関わって，小学校・小学部及び中学校・中学部の第一学年の就学状況の推移を検討する．

（1）特別支援学校

過去20年間の特別支援学校の小学部および中学部の第1学年の在籍者数（＝新入学者数．なお2006年度までは盲・聾・養護学校の計）の推移を示したのが図1である．「認定就学」制度の新設後最初の入学生は2003年度の1年生であるが，小学部・中学部ともこの年の新1年生の数は前年度とほぼ変わらず，翌2004年度からはむしろ増加に転じていることが読み取れる．特別支援教育発足の時期は，2003年度から継続する増加傾向の途上にあると見られ，制度改変を反映した傾向の変化を読み取ることは難しい．小学部では2009年度をピークに数年間の横ばい傾向が認められるが，2012年を底として再び増加傾向に転じ，就学システムの改定があった2013年前後には目立った傾向の変化は認められない．一方，中

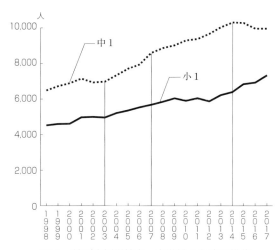

図1　特別支援学校小・中学部1年生の推移

学校基本調査各年度版に基づいて作成．

学部については2014年度（新しい就学システムの下で進学した最初の学年）をピークとして横ばいもしくは若干の減少傾向を認めることができ，一見すると制度改変の影響を読み込むことも可能かもしれない．

ところで，上で検討した図1は各年度の小1および中1の推移だが，これはたまたま各年度に6歳および12歳であった者の状況を対比したに過ぎない．小学部1年生は6年後に12歳になるのであり，各年度の小1の動向は，同一年度ではなく，6年後の中1の動向と対応させてみる必要があるのではないか．このことを試みたのが図2である（図1の中学部に対応させるため，1992年以降の小学部のデータを補った．2012年度小学部入学者以降は小学部在籍中のため中学部のデータはない）．この図を見ると，各年度の小1の数の推移は，緩やかにだが6年後の中1の数に対応していることが読み取れる．すなわち90年代中頃に小学部に入学した学年をピークに若干の減少があり，その後1997年頃を境に再度上昇に転じているのである．こう考えると，先に指摘した2014年頃からの中学部の横ばいないし減少の傾向は，2013年の制度変更の影響と見るよりも，2009年〜2012年までの小学部の横ばい状況の反映と見るべきかもしれない．この推測が正しいとするなら，2014年からの中学部の状況は一時的

なものに過ぎず，2012年以降の小学部在籍者が進学する今後，再度上昇に転ずる可能性も否定できない．

図2についてはもう一つ指摘しておくべきことがあろう．先に同一学年の小1と中1の動向には緩やかな対応があると述べたが，2つの曲線はこの間徐々にその隔たりを増している．これはすなわち，各年度の小学部入学者の数に比しても，当該学年の中学部1年生の比率は増している．つまり小学校・小学部6年間を経て中学生になるまでの間に，特別支援学校に転学もしくは進学する者の比率が増加しているということに他ならない．2012年の中教審報告は，就学後の「柔軟な転学」の可能性を述べ，翌年の施行令改正もそのための規定整備を行ったが，この「転学」は量的に見る限り，主として通常の学校から特別支援学校へというベクトルで作用しているように思われる．

（2）特別支援学級

特別支援学校の場合と同様に小・中学校の特別支援学級（2006年までは特殊学級）のデータを見てみると（**図3**），こちらは年度による緩急の差こそあれ，小学校，中学校ともに20年間にわたり一貫した増加傾向にあることが見て取れる．2002-03年，2006-07年，2013-14年のいずれを見ても，その前後から継続する増加傾向のただ中にあり，この間の就学システムの改変は，特別支援学級1年生の量的推移にはほとんど影響していないと言わざるを得ない．また，先述のように特別支援学校中学部1年生の人数は，当該学年が小学部1年生であった時点に比して確実に増加傾向にある（その一定部分は小学校からの転学・進学者と考えられる）にもかかわらず，各年度の小・中学校特別支援学級1年生の数はほぼ拮抗している．中学校進学段階までに特別支援学校に転・進学する者が一定数いる中で，小・中の特別支援学級在籍者に顕著な差がないということは，中学校進学までのいずれかの時点で特別支援学級に在籍しなくなる者（その少なくない部分は特別支援学校に転学・進学した者と考えられる）とほぼ同程

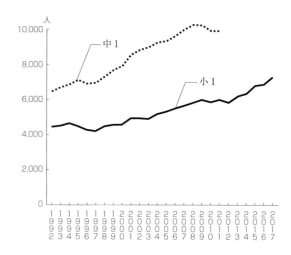

図2 特別支援学校小学部1年生の推移と当該学年が中学部進学時の人数

度の人数が，新たに入級している実態を示している（そのすべてが通常学級からの途中入級であるとは限らないにしても）．

次に特別支援学級についても，各年度に小学校1年生であった者の人数と，その学年が6年後に中学校に進学した段階での中学校1年生の人数を対比してみよう（**図4**）．先に同一年度の小1および中1の人数はほぼ拮抗していると述べたが，図4からは，どの学年においても中学校1年生時点での特別支援学級在籍者は，当該学年が小学校に入学した時点よりも確実に増えていること，2つの曲線は特別支援学校の場合と同様に緩やかな対応関係を示しつつ，しかし両者の隔たりは確実に大きくなっていることが見て取れる．小1時点での特別支援学級在籍者が一貫した増加傾向にある上に，それぞれの学年が中学校に進学する時点ではさらに在籍者が増加し，その増加率も増しているということになるのである．なお，2012年以降，小1時点における特別支援学級在籍者の人数はそれまで以上の急角度で増加しており，今後の中学校1年生の動向が注目される．

まとめにかえて

以上，この間の就学システムの改変を概観し，それとの関係で特別支援学校小・中学部および

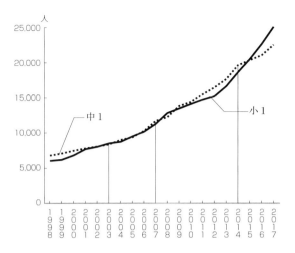

図3 小1および中1で特別支援学級に在籍する児童生徒数の推移

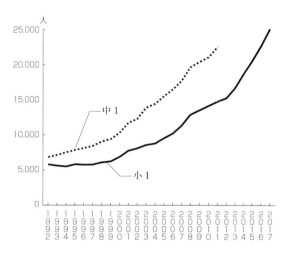

図4 小学校入学時の特別支援学級在籍児童数と当該学年が中学校進学時の在籍生徒数

小・中学校特別支援学級の就学動態を検討した．就学システムを規定する法令等はめまぐるしく改定されたが，量的な指標で見る限り，それらは現実の就学動態にはほとんど影響を与えていない．

もちろん，就学システムの妥当性は，就学の量的な動態だけによって評価されるものではなかろう．2002年施行令改正での「専門家の意見聴取」，特別支援教育発足時の「保護者の意見聴取」，2011年障害者基本法の規定する「十分な情報提供」や「意向尊重」，2012年中教審報告の言う「就学に関するガイダンス」，そして2013年施行令改正に伴う「就学指導」から「教育支援」（「柔軟な転学」の可能性も含め，就学後も一貫した助言を行う）への転換などは，いずれも，子ども一人ひとりの教育的ニーズとその変化を的確に把握し，本人・保護者と学校や教育行政の間の共通認識を深めつつ，具体的な教育のありようを検討していく上で重要な提起を含んでいる．しかし問題は，それらが単なる「アイディア」に止まるのか，現実の就学先決定プロセスに生きて働くものになっているのか，という点である．このことは，就学指導委員会の名称を「教育支援委員会」に変えることで果たされるのではない．就学動態の検討を通して見たように，障害等を踏まえたゆきとどいた教育を求める子どもと保護者の数は確実に増加している．こうした対象者の増加も踏まえ，かつ就学時点のみならず，学齢期を通した一貫した相談支援や柔軟な転学等を可能にしていくためには，それを現実のものとするための体制整備が不可欠である．就学事務を直接に担当する各地方地自体におけるリアリティのある「教育支援」体制の整備が求められよう．国の制度改変は，そうした取り組みを可能にする条件整備を伴って初めて現実に機能するものとなろう．

文　献

越野和之（2007）2006年学校教育法等改定による特別支援教育法制の成立過程．SNEジャーナル，13（1），27-44．

越野和之（2011）就学システムの現状と改革の論点．障害者問題研究，39（1），28-36．

越野和之（2017）障害のある子どもの学習権保障と就学義務の在り方．日本教育法学会年報，46, 50-59．

茂木俊彦（2002）障害・教育的ニーズと就学指導．茂木俊彦・荒川智・齋藤繁編，障害児教育改革の焦点，35-56，全障研出版部．

文部科学省（2013）教育支援資料．同省ウェブページ．

特別支援教育施行10年

特集 実践報告

発達障害のある子どもの育ちを支える通級指導

小池　雄逸

1　問題の設定

　発達障害（自閉症，学習障害，注意欠陥多動性障害等）のある子どもたちは，社会性，コミュニケーション，学習，運動等に障害の特性があり，生きづらさや学びにくさをかかえやすい[1]．

　「通級による指導」（以下，通級指導）は，子どもたちが通常の学級に在籍したままで，一定時間，通級指導教室等で，状態の改善および発達の促進を図るための指導を受ける教育形態である．1993年，学校教育法施行規則一部改正によって，制度化された．当時の対象は，言語障害，情緒障害（自閉症等を含む），弱視，難聴，その他であった．通級指導の新たな対象として，2006年4月より，学習障害（LD）及び注意欠陥多動性障害（ADHD）が加えられた．通級指導を受ける児童・生徒数は増加し続けている．

　東京都の公立小学校の情緒障害教育（発達障害・情緒障害のある子どもへの教育）は，この間大きく変化してきている．東京都の情緒障害等通級指導学級は，日本最初の情緒障害学級として，1969年に東京都杉並区立堀之内小学校に設置されて[2]以降，増え続けた．そして，他の道府県とは異なり，特別支援学級の制度を生かした教育条件の下，子どもたちが学び合い，育ち合う教育実践が展開され，幾多の知見が蓄積されてきた．その「情緒障害等通級指導学級」が2016年度から「特別支援教室」[3]という新しい制度に変更されはじめた．従来の情緒障害等通級指導学級をなくし，すべての小学校の校内に新たに特別支援教室を設置する．巡回指導の拠点校から巡回指導教員が出向き，発達障害・情緒障害のある児童・生徒へ，特別支援教室において自立活動等の「特別な指導」を行う形となる．

　新体制では，通級指導学級への保護者等の送迎が必要なくなることで，より多くの児童が支援を受けられるようになること，また，在籍学級担任と巡回指導教員との連携が緊密になり，指導内容の充実が図られることなどが期待されている．

　これまでの蓄積を，新体制の中で活かしていくことが，子どもの育ちをより豊かにしていく上で大切なことになろう．

　そこで，本稿では東京都の小学校の情緒障害等通級指導学級の実践を報告する[4]．その上で，発達障害のある子どもの育ちと生活を支えるという視点から，通級指導学級の実践を分析し，その実践の特徴を明らかにする．併せて，今後の通級指導の実践づくりについても考察する．

　通級指導を受ける子どもへの実践は，通級指導教室等での数時間の指導にとどまるのではなく，子どもの育ちと学校等の生活をどう支えるかという課題を含む．本稿ではその課題も意識した上で報告と考察を行う．

こいけ　ゆういつ
東京都・小学校教員

表1　小学校の情緒障害等通級指導学級の午前プログラムの一例

活動の名称	内容・目的
来室	・あいさつをする．　・時間内に荷物を整理する．
生活タイム（15分） 【小集団指導】	・今日の予定の確認をする． ・生活習慣や集団参加の力を身に付けていく．
運動タイム（45分） 【小集団指導】	・運動学習を通して，集団参加の力を身に付けていく． ・感覚機能・体力・基礎的な運動技能を高める．
個別の学習（45分） 【個別指導】	・自立活動及び，特に必要あるときは，各教科の内容を補充するための特別な指導である教科の補充指導を行う．
中休み（20分）	・必要に応じて友だちとのかかわり方や行動の切り替え方を学ぶ．
グループ学習（45分） 【小集団指導】	・小集団活動を通して，集団参加の力を身に付けていく． ・人間関係の形成やコミュニケーションにかかわる力を培う．
生活・音楽タイム（30分） 【小集団指導】	・集団参加の力，生活スキル，微細運動や粗大運動の力を養う． 　（例：造形活動，音楽活動，生活動作の学習等）

2　情緒障害等通級指導学級の指導体制・指導内容

201X年度，公立小学校のS情緒障害等通級指導学級では，年度当初，区内小学校8校に在籍する32名の児童が通級指導を受けていた．担当教員は，筆者を含めて5名であった．

指導の一例を表1に示す．午前は「生活タイム（小集団）」「運動タイム（小集団）」「個別の学習」「グループ学習（小集団）」「生活・音楽タイム（小集団）」の5つの活動で計4単位時間の授業を，午後は「個別の学習」「グループ学習（小集団）」の2単位時間の授業を行っていた．S学級では，児童の目標や状況に応じて，時間を組み合わせ，最大週8単位時間まで指導を受けることができた．一つの時間帯で，4〜7名程度が通級指導を受けていた．

子どもたちは，学習態勢，集団参加，仲間へのかかわり方，コミュニケーション，自己理解，粗大運動・微細運動等について学習した（特に必要があるときは，各教科の内容を補充するための特別な指導とある教科の補充指導を行っていた）．学んだことを在籍校の学習や生活で活かしていくことを考え，小集団学習及び半日の生活を通して，必要な力を育めるようにプログラムを組んでいた．小集団指導に当たる，生活タイム，運動タイム，生活・音楽タイムは，おおよその年間指導計画を立てて，指導を行った．

S学級では，学年が近く，似たような発達の課題をもつ子どもたちで小集団活動を行えるように体制を組んだ．教職員チームでケース会議や授業検討を行い，一人ひとりの目標を踏まえつつ，指導を行った．

東京都の小学校の情緒障害等通級指導学級は，指導時間等に多少の相違はあったが，上記のような指導プログラム・指導形態で展開されることが多かった．

3　Aさんの育ちと生活を支える取り組み

以下，事例を紹介する．

Aさんは，1年の途中から6年の卒業時まで通級指導を受けた男子だった．幼い頃に発達障害の診断を受けていた．通級指導では，コミュニケーションや運動の力を高め，学校や地域で自信をもって生活できるようになることを目指した．私は3年から5年まで担当をし，6年では本児の担当ではなかったが，通級指導学級内で指導に当たった．Aさんは他校に在籍していた．

3年時，週1回4単位時間の指導の中で，次の3点を，指導目標としていた．

・ルール，全体指導に合わせて行動する力を養う（負けても次がある）．

・友達とのかかわり方，困ったときの対処の仕方を知っていく．

・身体のバランス感覚や運動能力を高めていく．

　上記の目標に加え，保護者は，Aさんの不器用

なところを心配し，リコーダー，書写，理科の実験など，楽器や道具の扱いについて学習をしてほしいという願いももっていた．

（1）Aさんの理解を深め，情緒の安定を図り，育ちにつなげる

1）運動の授業

Aさんは，冗談が好きで，面白いことを言うのが得意だった．私が洒落を言うと，すかさず言葉を返してくれる．友達とかかわるのも好きで，3年時，通級指導で仲の良い児童と「大親友チーム」をつくり，調理活動を楽しむ姿があった．

Aさんの課題のひとつは，安定して活動に参加しているように見えるときでも，ふとしたきっかけで気持ちが不安定になりやすいことだった．その時に，自分を責める言葉を口にしてしまうのも気掛かりだった．

S学級の運動タイムは，リズム運動，かけっこ，水泳（水遊び），器械運動など，さまざまな学習を組み合わせて行っていた．ねらいは，身体を動かす楽しさを体験し，基礎体力や感覚機能を高めること，集団参加のための技能を身に付けること，学習したことを在籍学級の体育科等で活かせるようになることとしていた．運動タイムでは，S学級のプレイルームを中心に活動した．

3年の5月，運動の授業で3分間走をやったときのことである．全体指導者は，同じ活動を数回実施していたので，それまでの様子を踏まえ，その日の目標を「4周走ってみること」と伝えた（その場にいる全員が達成できる目標として設定した）．そのとき，Aさんは6周という目標を立てた．結果，5周までしか走れなかった．Aさんは「自分は1周しか走れなかった」と，事実とは異なることを言い，泣いてしまった．私は「気持ちが落ち着くまで少し離れているね」と声をかけ，待つと，Aさんは5分ほどで泣き止み，立ち直った．

Aさんにとって，3分間走は初めての活動ではなかった．だからこそ，実現したい目標を立ててみた．ただ，自身の力と比べ高い目標を掲げ，達成できず，苦しくなってしまった．Aさんは，このように，運動や工作などの場面で，やりたいこととじっさいにやれたこととの違いに苦しくなり，活動に参加しづらくなることがときどきあった．

運動の学習については，3・4年時は，年度の後半になると，リズム運動などに参加できないことが増えていった．長縄跳びなどのやってみたい活動には参加していたが，器械運動などの学習には参加できず，その場で動かずにいることもあった．Aさんは，周囲の子どもたちと比べて，自分が同じようには「できない」と感じることが増え，できないことを周りに見せるのがつらかったのかもしれなかった．

教職員で話し合い，器械運動の時間で，集団での活動が難しいときには，Aさんと担当教員（筆者）の二人で，その場を離れて練習するようにした．マット運動も跳び箱運動も，次第に技能を高め，自信を付けることができた．

このように，筆者ら教職員は，Aさんが落ち着かなくなった際に，そのきっかけや要因，立ち直りの様子をつかめるように，Aさんにかかわった．理解を深める中で，次第にAさんへのかかわり方を変えていき，Aさん自身の育ちにつながるように支援した．

2）サポートブックをつくる

3年の3月，新年度に向けて，Aさんをよりよく知ってもらうことを目的にし，教職員や支援者に読んでもらう資料として，「サポートブック」を作成した．私と学級担任と，区内の教育相談機関の心理相談員と，母親と一緒に相談して作った（小学校卒業まで年度ごとに更新をした．Aさんにも自身のことについてアンケート形式でたずね，その内容も記載した）．

Aさんの好きなもの（たとえば関西圏の電車が好きなど），苦手なもの（たとえば悪気はないのだが，漫才のツッコミのようについ強く言ってしまうことなど）に加え，学習面，生活面の支援のあり方についても記した．内容は，先述の，運動の授業を通して見えてきたAさんへの理解に関す

ることなどに加え，学習面の支援については，たとえば以下のことを書いた．

「作業は丁寧に最後までやろうとします．たとえば板書も，色のついた文房具や定規などを用いて，きれいに書き写します．本人の中では集中して作業を行っていますが，時々，周りのお友達と比べると，作業に時間がかかりすぎてしまうことがあります．算数で他の子どもより問題を解くペースが遅れてしまうことがあります．また，図工や習字などでも，そのような様子が見られるかもしれません．

あらかじめ作業時間を多めに設定したり，また作業内容を減らしてあげたりできると，ゆったりとした気持ちで，活動に安心して取り組むことができると思います．」

保護者は，たいへん役に立ったと話した．サポートブックは日常的に活用するものではないが，作成の過程で，関係者でAさんについて話し合えたことにも，大きな意義があった．

（2）Aさんが苦手な学習に一緒に取り組む

Aさんは，4年当時，漢字を正確に書くことに苦手意識をもっていた．母親は，3年後半以降，連絡帳に漢字学習に関して何度か記述していた．漢字の読みは学年相応にできていた．書いた漢字は，はねや止めもあり，きれい．けれども書いて覚えることが苦手だった．漢字テストがあると，その日は朝から気持ちが沈んでしまっていた．

知能検査の結果からは，認知面では偏りがほとんどなかったが，部分間の関係性を予測する力，思考の柔軟性に苦手さが見られた．私は，学習中の書字の様子や検査結果からは，漢字を覚えて書くことが困難である要因を把握しづらかった．保護者は，それまでもあまり漢字が好きでなかったが，学年の初めに漢字のテストがあって，全然正解が書けず，それから落ち込んでしまったと語った．その経験が漢字への苦手意識を強め，こだわりになってしまったようだった．

そこで，6月から，教員1名と子ども2名との個別指導の中で，①部首かるた（部首の名称と意味を知る学習），②合体漢字問題づくり（毎回，学校でこれから学習する漢字1文字を自分でバラバラにして問題を作る活動）を設定した．

Aさんは，自分の中で一度漢字を楽しむ，そして面白さを発見することを経験すると，覚えやすくなることがつかめたようだった．学習中，「ぼくは実は漢字の練習が好きじゃないんだ」などとつぶやき，在籍校の学習について話した．担任から，その後，「漢字への抵抗がずいぶんと減り，漢字学習への取り組みが改善された」と聞いた．

振り返ってみると，筆者が，Aさんが苦しんでいたことを受け止めるように努めるなかで，Aさんは漢字学習への抵抗感を持ちながらも，漢字を覚えられるようになりたいという願いをもっていることを知り，その願いを大切にして，かかわったことが，Aさんの心理的負担を減らすことにつながったように思われる．

（3）自己の成長とこれからを見つめる

当時，AさんにS学級への通級で心に残っている活動についてたずねたことがある．その時，校庭全体を使った鬼ごっこを挙げていた．小学生に人気で，Aさんが好きだったテレビ番組をモチーフにして，Aさんが中心となって企画をし，小集団の授業で実施した．Aさんが5年のときである．Aさんにとって，自分の計画が実現できたことと，子どもたちも教員も共に心を通わせる経験になったこととが，とても良かったのだと思われる．

Aさんは，6年時，在籍校で過ごすことがつらい時期があった．その間も，週1回，S学級には通級をし，友達とかかわり合いながら，学習を重ねていった．個別学習では工藤直子さんの詩（「のはらうた」）の視写に取り組んだり，近況を語り合ったりする活動をしていた．

当時，毎年2月にS学級の学習発表会を行っていた．通級児童，保護者，在籍校教職員等が一堂に会した．その際に，毎年，6年生は通常の学級と通級指導の学習活動を振り返って作文を書

き，発表することにしていた．Ａさんも作文を綴った．また，母親も文章を寄せてくれた．

1）Ａさんの作文

ぼくは将来何でもいいから仕事をしたいです．理由は今，この世の中不況だから，すごい大規模な会社に入れる事はまず無いから小規模な会社でもいいから入りたいです．

Ｓ学級では，来るたびに，「のはらうた」を書いていました．目的は，ゆっくり話す事です．早口で話すと，相手に言っていることは伝わりにくい可能性があるからです．……のはらうたは，ただ一つの詩を読者のために作者全員ががんばっていると思います．呼吸は人間に必要な物です．中でも深い呼吸はどういう意味があるのでしょう．深い呼吸は自分の気持ちを楽にする行動です．深い呼吸をすると気持ちが落ち着くようになります．この短い「時」ですが，楽しかったです．

短い作文ではあるが，文章全体から，Ａさんが自己への理解を深めつつ，未来に向かって進んでいこうとする思いが伝わってきた．

当時，Ｓ学級では，希望者が言語面の発達について言語療法士に相談できる機会を年1回設定していた．Ａさんは，ゆっくりと話せるようになると，気持ちを落ち着かせられ，生活をより豊かにできると助言をもらった．そこで，Ａさんと担当教員は，毎回，「のはらうた」の視写と音読に取り組んできたのである．先の作文では，このことをＡさん自身の言葉で表現してくれている．

「この短い『時』ですが，楽しかった」という言葉から，彼が充実感を得て，生きるエネルギーを実感できたことが考えられる．

2）Ａさんの保護者（母親）の文章

父親の転勤で1年生の2学期に転入しました．Ａにとっては2度目の引っ越しでした．

幼稚園入園後も夏休みに転勤でしたので，ここで「卒業」を迎えられることは，想像できませんでした．

母としてはＡに何ができるかと常に考えて，肩に力が入ってた気がします．

そんな私たち親子をＳ学級の先生方は温かく迎えてくださいました．

6年間在籍校に通えたのは，Ｓで他ではできない経験を積ませてくださったおかげです．つらいことがあっても，Ｓに通級することでほっとし，親子共にまた頑張ることができました．

これからも先生方を見習って，ゆったりと心の広い母を目指します．本当にありがとうございました．

保護者とは連絡帳や面談などを通して，連携をしてきた．「温かく」という言葉や，「ほっとし，親子共にまた頑張ることができ」たという言葉から，Ｓ学級が保護者にもＡさんにも情緒面の支援を受けられる場であったと考えられる．保護者からは，小学校卒業後，中学校や高等学校での様子を教えてもらうことがあった．

4　情緒障害等通級指導学級の実践

上記の事例を含め，これまでの実践事例及び実践研究[5]から，東京都の小学校の情緒障害等通級指導学級の実践では，次の点を大切にし，指導・支援を充実・発展させてきたと考えられる．

第1に，個別指導と小集団指導を有機的に組み合わせた指導が行われ，効果を上げていくことである．小集団指導では，友達どうしの人間関係の発展を含む，実際のかかわり合いを保障するようにしてきた．

第2に，通級指導での学習と生活を通して，子どもがエネルギーを回復し，また，子どもの自己の育ち（自尊感情・自己肯定感を含む）を支えることにつなげることである．

第3に，保護者と連携し，子ども理解を共に深めながら，保護者への情緒面・情報面の支援を行うことである．最後に，教職員チームで子ども理解を深め，子どもたちの育ちを支える体制が取れ，その中で，教職員どうしで学び合え，専門的力量を高めることである．日常的に教員間で子ども理解や指導について考え深めることを通して，

子どもたちへのかかわりを豊かにすることができ、また、子どもが成長していく姿を通して、教員の力量の形成につなげることができたと考える[6]。

5 子どもの学びを保障し育ちと生活を支える

通級指導の役割は、子どもたちが通級指導教室等を通して学んだことや経験したことを力として蓄え、学習や生活の場面でその力を出せるようになることである。今後、私たちがつくり出していく特別支援教室においても、子どもたちが安心して自分の力を発揮して学びを積み重ねていくことができるように、実践をつくっていきたい。

そのために、子どもの実態把握と理解に基づき、必要な指導内容を保障できるようにしていく。

また、必要に応じ、子どもたちが安心して共に学び合える集団を保障することと、それを行える場を確保していけるようにする。加えて、教職員集団の力量を高めるために、日々の具体的な実践と反省を通し、教職員どうしが共に子ども理解を深めたり、指導・支援のあり方を検討したりできる体制をつくる。

さらに、特別支援教室のある学校として、校内・地域に特別支援教室の教育実践や教材・教具などを蓄積し、活かしていくことである。それを意識して行うことで、一人ひとりの育ちと生活を支える指導・支援の質を高めていきたい。

注
1) 田中康雄(2010)は、「発達障害」を「生来的にもっている個々の特性と、その特性が発揮される環境が絡みあい、今を生きる力が十分に発揮できない情況(過程)を意味する」(p.21)と定義している。本研究では、その定義を踏まえて、事例の考察を深めた。
2) 全国の情緒障害教育の歴史については砥柄敬三・中村雅子監修(2017)、東京都の情緒障害教育の歴史については水野薫(2017)が詳しい。
3) 「特別支援教室」は東京都の独自の制度である。東京都教育委員会が2016年2月に策定した「東京都発達障害教育推進計画」の中で記されている。
4) 事例は筆者が日本臨床教育学会第7回研究大会で報告した内容をもとにした。エピソードは匿名性を守るため加工している。
5) 東京都の小学校の情緒障害等通級指導学級の実践における、小集団指導の重要性と有効性を説明している論考に、たとえば上山雅久(2009)、齋藤眞理子(2001)、徳田夕子(2012)、中村敏秀(2016)等がある。
6) 筆者は、通級指導担当教員の力量形成についての考察を報告した(小池、2012)。

引用文献

上山雅久(2009)ソーシャルスキルの指導3．一日の生活を通した指導．岡田智・三浦勝夫・渡辺圭太郎・伊藤久美・上山雅久編著，特別支援教育ソーシャルスキル実践集 支援の具体策93，明治図書，21-28．

小池雄逸(2012)発達障害の子どもたちの育ちを支える通級指導学級の教育実践．日本臨床教育学会第2回研究大会発表要旨収録，89-90．

水野薫編，ASD教育実践研究会著(2017)実践に学ぶ特別支援教育——ASD児を中心とした情緒障害教育の成果と課題、そしてこれからの姿．本の種出版．

中村敏秀(2016)子どもたちと共有するものを大切にする社会性指導．実践障害児教育，No.521，22-26．

齋藤眞理子(2001)小学校でのADHD．中根晃編，ADHD臨床ハンドブック，金剛出版，123-134．

田中康雄(2010)つなげよう——発達障害のある子どもたちとともに私たちができること．金剛出版．

徳田夕子(2012)成功体験を増やし、自己理解を深める．LD&ADHD，No.40，32-35．

砥柄敬三・中村雅子監修，全国情緒障害教育研究会編著(2017)全国情緒障害教育研究会からみた自閉症教育のあゆみと今後の展望——50年の歴史を振り返って．ジアース教育新社．

特別支援教育施行10年

特集 実践報告

「特別支援教育」時代における職場づくりの試み
子どもの発達要求に寄り添える学校をめざして

信濃　健介

1　私の職場——行動の改善をせまる指導

●「無視してください」

「みんながお勉強をしています！　泣き止みなさい！」泣き止まないヒロ子に，有子先生のイライラが高まる．ヒロ子の泣き声は，怒鳴られるほどに大きくなっていくようだ．

あわや，手が出てしまうんじゃないかというところで，主任が言った．「こういう時は，無視するんです」．主任が有子先生とヒロ子の間に割って入り，話を続けた．「声をかけてはいけません．この子は相手をしてもらえていると勘違いします．ましてや，こちらが理性を失えば，彼女の思うつぼです」．

主任はヒロ子を引きずり，「タイムアウト」用の席に座らせた．泣きじゃくるヒロ子をよそ目にタイマーを設定する．1分．その間，主任はヒロ子に背を向けて仁王立ちを決め込む．泣いていたヒロ子が，だんだんと静かになってくる．

「じゃあ，お勉強をしましょう」．1分経つと，ヒロ子は自席に促される．パニックは収まった．でも，ヒロ子の顔からは一切の表情が消えた．有子先生は，ヒロ子と目を合わさないようにしながら，立ち尽くしているように見えた．

しばらくすると，その静寂を突き破るかのように，主任の声が響いた．「ヒロ子ちゃん，できたじゃない．えらいね！　さっすがあ．ばっちり！」

しなの　けんすけ
公立小学校特別支援学級

そう言うと主任は，おもむろに私と有子先生の方に近づいてきて，小声で耳打ちした．「子どもは，ほめて育てるの」．私には，もう聞き慣れた言葉だった．「正しいことをしたら，存分にほめてもらえるという，ごほうびをあげるのよ」．何度聞いても，背筋が凍る．転勤したての有子先生にもきっと，衝撃的だったにちがいない．私が，この職場に転勤してきた時にそうであったように．

講師2校目として，私のつとめる学校に転勤してきた有子先生は，たくさんの手遊び歌を通して，子どもたちを引きつける先生だ．入学式後に突然お願いした新1年の教室では，手遊び歌を3連続で披露．堂々と子どもたちの前にたち，すぐに子どもたちの気持ちをつかんだ．入学式で緊張していた子どもたちの表情が見事に和らいだ．

初対面の印象は，華奢で伏し目がち，自信なさそうな表情に見えたが，この時の子どもたちとの関わりでは，そんなことはみじんも感じさせなかった．教員経験もまだ浅く，障害児学級は初体験とのことだったが，子どもたちの気持ちをつかむ姿に，私は魅力を感じた．

ヒロ子もまた，有子先生に期待感を持っていた．ヒロ子は，最近になって不安定だが歩行ができるようになってきた女の子．指さしと喃語ではっきりと意思表示をし，自分の思いと違うことには頑として動かず，時には机の上の物をまき散らして抵抗を示した．

有子先生との初顔合わせでは，硬い表情で「ん！」と返事をしたヒロ子．だが，手遊び歌を見るや，目を丸くして周りの先生を見まわし，しきりに「アー！アー！」と有子先生を指さして教

えてくれた．まるで，「新しい先生！私の先生よ！」と紹介しているようだった．

先の一件の後，私は，有子先生に声をかけた．「ヒロ子は，きっと有子先生のことが大好きだから．出会って間もないから，今は間合いをさぐっているのとちがうかな．しっかり関わってあげるといいよ」．そう言いながら，励ましにと思い，全障研の先輩の心温まる本を紹介した．

● 「気持ちが高ぶらないことが○」

私は，今，職場づくりのまっただ中にある．行動主義を克服し，子どもの要求に寄り添う実践，子どもの発達の要求と力を引き出す実践を，この職場に取り戻したいと思っている．

この学校に着任した日の夜に，私は，教職員組合障害児教育部（障教部）でこう切り出した．「障害児教育をめぐるせめぎあいの，最前線のようなところに転勤しました」と．

子どもたちの机は一つ一つ離された状態で黒板に向かって整然と並ぶ．教室内の掲示物は少なく，子どもたちの作品は見当たらない．その中で，ひときわ目についたのが1枚の絵カードだった．大きく書かれた口の絵に，赤いペンで太く「×」，授業中のおしゃべりがとまらない子どもの机に置くためのものだった．

私が思い描いていた風景とは，あまりにかけ離れた教室に言葉を失ったが，その表情に気付いた先輩たちは，語気強くこう言った．「ここは，通常学級に戻るための練習の場所です．居心地いいところ，楽しいところではいけません」．続けて，「抱っこはいけません．手をつなぐのもやめてください．そんなことをしては，子どもが入りびたります．親密な関わりは避け，いいことはいい，悪いことは悪いと毅然と関わってください」とも忠告された．

授業は，一度聞けば次の日には実践できる「パッケージ」となったものだった．流れは定型化され，セリフも統一されている．毎日・毎時間，同じようなルーティンワークが「学習」として組み込まれていた．担任教員の主な仕事は，それぞれの子どもにあわせた作業課題や学習プリントを用意することとされ，いつ，誰が担当しても，その子の学習で何をさせるか，すぐに出せるように準備することが求められた．「気持ちが高ぶらないことが○」が授業をする上での原則だった．

そして，子どもの問題行動には「アメとムチ」ならぬ「アメと無視」の原理で正しい行動を「入れて」いく．目の前で起きていることが，私の思考からはあまりにかけ離れていた．着任初日，校門を出たとたん，首筋が痛いことに気付く．「あぁ1日，こんな体勢で過ごしていたのか」と，ため息をついた．

転勤後，ぼやき続ける私に，障教部の先輩や仲間が集う研究会では，先輩たちからは励ましを，仲間からは同情と温かい「冷やかし」をかけてもらった．人の苦労を笑うかのような素振りをわざとつくって「信濃さんは，今，しんどいんですよねー」と冷やかしてくる仲間の声が温かかった．苦労を重ねてきた先輩たちからは，「2年はだまっていなさい．その間に，つながれる人をじっと探るのです」とアドバイスを受けた．「最近のレポートはぼやきばかりでおもしろくない」という叱咤激励も受けたが，それは痛感していた．

「どう職場をつくっていくか」．私の挑まなければならない課題を，先輩や仲間たちは，温かくそしてはっきりと示してくれた．

● 「また，あきらめろという本ですか？」

「この人はつながれるかもしれない」．そんな期待を抱いては崩れる日々を，仲間たちに支えてもらって過ごした．そして2年が経ち，有子先生と出会ったのだった．

本を貸してから1ヵ月後，有子先生が本を返してくれた．「おもしろかったです．ありがとうございました」．私は手応えを感じ，ちょうどその時読んでいた保育雑誌を紹介した．『子どもが「イヤ！」と言ったとき』という特集で，「イヤに寄り添い，受けとめる」というレポートがたくさんあった．発達的な理解を促す様々な経験も載っている．きっとタイムリーだろうと思い，急いでコピーして渡すと，意外な言葉が返ってきた．

「また，あきらめろという本ですか？」

目が点になる私に有子先生が続けた．「私は，目の前のヒロ子をどうにかしたいんです．彼女のこのパニックを抑える方法が知りたいんです」．

よく見ると，手には子どもの行動を変えると謳う入門書が握られていた．

2　私の職場における「特別支援教育の10年」

●特別支援学級の運営がままならない

子どもが壁に向かって座らされる光景，可能な限り変化させない日々の授業，そして子どもの「育ち」はまるでコンピューターにソフトをインストールするかのように語られる．「この職場では，もう，無理だ」と何度思ったことだろう．

だが，こうした指導がよいものとして職場に受け入れられていたわけでもない．日頃から，特別支援学級の指導に目を背け，疲れ切った私に苦笑いを返してくれる同僚はいた．子どもが叱られないように，トラブルをあえて胸の内におさめる若手教員も見た．ただ，だれも声を大にして否定することはなかった．特別支援学級でのこの指導が，子どもたちを「安定」させていたからだ．

私が着任する数年前，この特別支援学級は混沌とした状態だったという．特別支援教育がスタートした時期，在籍する子どもの数は増え，飛び出し，噛みつき，引っ掻きのトラブルが拡大した．重度の障害のある子どもも増える中で，特別支援学級の運営は成り立たなくなり，トラブルを起こさせないために子どもの後をついて回るようになった．しかし，追えども追えどもトラブルは尽きない．むしろ，「監視の目をくぐって，新たな脱出ルートを見つけていく」ようだったという．

ある卒業生の保護者は，担任の入れ替わりの中で，経験の浅い先生たちでの学級経営となったことが混乱の原因だったと語る．10年前の春，経験のある教師を含め，障害児学級の全ての担任が入れ替えとなったのだ．この保護者曰く「まるで，事件だった」と．

このように混沌とし，だれもが疲弊していた状況に，行動の改善を謳う指導法と，定式化された授業が導入されたのだ．問題行動には「毅然とした態度」を．日々は「同じ調子のルーティンワーク」で．子どもたちは，みるみる「落ち着いて」いく．教師も，日々のルーティンが「仕事」として位置づけられ，「何をすればいいかがわかる」ようになったと言う．

子どもたちの問題行動は影を潜め，飛び出しも激減した．特別支援学級は「変わった」と評された．当時の保護者は「救われた」と表現し，教職員からも同じ声が聞かれた．「前はなんでもありだったから，子どもたちも落ち着かなかった．今は，授業ができるようになって画期的よ」と．

●劣悪な条件が呼びよせる「支援」

現在，勤務校の特別支援学級には40人を超える児童が在籍している．この10年間の在籍児童の増加は著しくほぼ倍増．学級運営と，多岐にわたる交流教育を含めた支援は並大抵ではない．

少子化傾向の中，特別支援学級に在籍する児童・生徒数が一貫して増加傾向にあるのは全国的な傾向だが，本県においても同様の傾向にある．2007年度以降は毎年約1割増が継続，2007年度に対し，2017年度は約2.5倍となった．

学級の新増設もなされているが十分なものとは言えない．県下の特別支援学級数は，2007年度に対し，2017年度は2倍増に留まる．その結果，1学級あたりの子どもの数は増加し，2007年度に対し，2017年度は1.25倍となった．

特別支援教育の開始に伴う在籍増は2007年以前から予想されたものであった[1]．しかし，「1学級8人」とされる定数などは改善されず，特別支援学級の教育条件は明らかに悪化している．

在籍する子どもの実態の多様化も進行している．本校においても，情緒的な不安定さから在籍しているが，通常学級の学習内容を高得点でクリアする児童がいる．その一方で，発語はまだなく，指さしもままならない児童が，先の児童と机を並べている状況がある．医療的ケアを必要とする児童が通常学校に在籍することも，そう珍しいことではなくなってきた．

これらに加えて，保護者・子どもたちにとって

特に切実な問題が，担任の継続が困難な状況である．ある地域においては，3年以上継続する特別支援学級担任は4人に1人．75％の人が2年で学級担任を離れるといわれている．年によっては，8人に1人という年もある．これでは教育内容の充実はおろか，子どもの安全すら保障できない．

通常の学校において，応用行動分析は必ずしも一般的ではない．ましてや，先述のような徹底した実態は，近隣校でも聞いたことがない．しかし，本校の10年前の「混乱」に近い状況，教師から，子どもの内面を考える余裕を奪い，行動の問題のみに目をむけさせることにつながる環境・背景・状況は，そこかしこにあると感じている．

3　職場づくりのいくつかの糸口

●進まない職場づくり，理解を得られない私の言葉

不十分な条件と，その状況を免罪し補完するかのように働く指導法の蔓延の中で，職場づくりの糸口が見出せない状況が続いた．こんな中では，私の「言葉」は通じない，職場の仲間たちは，こんな言葉を求めていないんだ，と思った．

子どもたちの様子も，私を鋭く問い詰めた．「指導」に恐れを感じながらも，子どもたちは，日々一応展開される授業を楽しみに来ていた．ゲームを解くように解法を覚え，できた，100点がもらえたと喜ぶ姿もあった．これは，これまで放置されてきた子どもたちが，「することがある」「褒めてもらえる」ことへの喜びを感じている姿だった．私は，「これは，まやかしだ．これでいいはずがない」と思うものの，現実に嬉しそうな子どもがそこにいる．彼らが惹きつけられるものは何か，「ご褒美批判」に終わっていいのかと，私の思考は大きく揺さぶられた．

●揺れ動きとの出会い──スズカ踊る

悩んでいたある日，主任がふと口にした一言が耳に入った．「私たちも，修行が足りへんわ．あかんと思いつつ，スズカが，踊っていたりハイタッチしてきたりするのが，とってもかわいいく思

えてしまうのよね」．

場にふさわしくない行動は，子どもの苦悩であれ，喜びであれ，徹底して無視という指導をする．「落ち着いた状態，気持ちが跳ね上がっていない状態が○」としてきた「人」が，かわいいと思ってしまうと言う．私はこの瞬間，「可能性」を感じた．そして，一瞬の葛藤を経て，わき上がってきた言葉を，咄嗟の決断で言った．「そういうところ，私とっても好きですよ．先生の素敵なところだと思います」．

ひょんな顔でみる主任は，しばらく間を置いてから，目を細めて「あらそう？　ありがと」と，顔を斜めに傾けて，色をつけて言った．

揺らぎを見た．つながれそうな揺らぎ．そのまま，そうあればいいのにと思った．そして，もしかすると，彼女も，子どもを「かわいい」と思えない状況，そう思っていてはやっていけないと感じる状況に追い込まれている「仲間」なのではないか，と思った．

その日の夜，障教研でこの出来事をレポートすると，仲間がこう声をかけてくれた．「今日のレポートはおもしろかった．新たなステージやね」，「信濃くんは，率直に好きですよと声をかけることができる．同僚の姿にどんな言葉を添えるか．同僚をどういう言葉でフォローしていくか．いよいよ職場づくりのスタートですね」と．

●怒ってくれてありがとう

転勤前の職場では，こんなことがあった．

「静かにして！」あまりに大きな声で叫ぶチアキに，私は思わず声を張り上げた．課題プリントを破り「そといく！」と叫ぶチアキの隣で，同僚は拳を握りしめて耐えていた．

私はそれまでに，時間割や課題に縛られずに，一緒に遊んであげればいいと助言してきたが，なかなか理解してもらえずにいた．しかしこの日はあまりにすごいパニックに，私が怒鳴ってしまった．「静かにして！　他のお友達が勉強できへん！」

私の怒鳴り声を聞いたチアキは，目を見開いて大きく息を飲む．そして，次の瞬間，さらに大き

な声で叫び始めてしまった．

チアキが落ち着いた頃合いで，私は同僚に謝ることにした．「思わず怒ってしまって．さらにひどくなっちゃった．申し訳ない」．

すると同僚から，こんな言葉がかえってきた．「とんでもない．ありがとう怒ってくれて」．

私は「あっ，これか．これが必要なんだ」と気付かされた．同僚は，担当なのにチアキを静かにさせられないことに困り，ずっと独りで悩んでいたのではないか．だとすれば，私のこれまでの投げかけは，同僚にとっては，とても「痛い」ものだったのではないか．全校集会の静まりかえった中で，泣き叫ぶ子どもを静かにさせられない自分に降りかかる周りの視線は痛い．そして「こうすればいいんだよ」と迫る私の言葉も，きっとそれと同じように痛かったのではないか．

●ヒロ子が伝えたいこと

転勤から5年目の今，紆余曲折を経ながら，子どもの発達要求に寄り添える職場づくりをなんとか進めている．

先日，宿泊学習の帰りのフェリーの中で，有子先生がヒロ子に語りかけていた．「ほら，出発するよ．バイバーイって」．それに応えてヒロ子が，桟橋の係員に手を振る．

「ヒロ子，フェリー好きなんやねぇ」．私が声をかけると，有子先生は苦笑いで「行きは大変だったんですよ」．泣く叫ぶ，髪の毛を引っぱるの大騒ぎだったそうだ．「私も一緒にいたらよかった．申し訳ないことをしたなぁ」と顔をしかめると，有子先生は，窓の外を見るヒロ子の肩に手を添えて，こう続けた．

「もしかしたら，フェリーは初めてでヒロ子なりに不安だったのかもしれません．さっきのアシカショーも，一緒だったんじゃないかなぁ」．

アシカショーの開演を目の前にして，ヒロ子は，最前列の車いす用観客席で泣き叫んでいた．観客席からの注目が集まる．側にいる有子先生は，ヒロ子に背を向け，「ここは静かにするところ」と，泣こうが叫ぼうが仁王立ちを決め込んでいた．ヒロ子は，有子先生の服をひっぱり，髪を引っ張り，手繰り寄せた先生の胸ぐらをつかんで叫んでいる．

心配して「あれ…いいんですか？」と耳打ちしてくる同僚に，「ん～でも有子先生なりに，やってみてるんかなぁ」と言いながら，私は気持ちを整える．そして「エイッ！」と声を出し，同僚に「さて！　シャキーン！　私は今から怒ります」と宣言して怒った顔を作った．

腰に手を当てて，私は，ヒロ子に声をかける．「ヒロ子ちゃん！　もう，そんなんやったら，見せられへんで！　こっちへ来なさい！」そう言って，有子先生に「退場」するよううながした．そして，一言だけ漏らすことにした．「初めてやから，怖いんか？　でも，静かにせなあかん時や！」と．

有子先生と一緒に館内を一周してきたヒロ子．入り口のあたりで，遠くに見えるだろうアシカショーを指さして有子先生となにか話している．ヒロ子の目線にしゃがみ込み，ヒロ子に笑顔を返している有子先生が見えて，私は少しホッとした．

「ヒロ子のパニックによくつきあってるよね．なによりヒロ子はあなたのことを信頼してる．すごいよなぁ．なんでヒロ子の言いたいことがわかるん？　私なんか，『イー！』ってなるわ」．帰りのフェリーで，ヒロ子の様子を語ってくれた有子先生に，私はこう返事をした．すると，有子先生は，またヒロ子の手元に視線を落として，こう言った．「ヒロ子は，言葉がまだ少ないから，すぐに大きな声を出すんです．でも，何かしらの言いたいことはあるんじゃないかって，いつも思うんです．彼女なりに伝えたいことがあると思うんです」．

4　職場の"未来の仲間"とつながる
──通じ合える言葉で語り合う

●有子先生，変化を語る

先日，有子先生に，「あきらめろという本」と言った頃の思いを聞いてみた．すると，彼女は「この3年での気持ちの変化」を語ってくれた．

「初めての特別支援学級担任，それなりに気持ちを固めたつもりだったけど，次の年も支援学級担任をするつもりはなかった．1年でヒロ子のわがままをなんとかしたかった．そして次の年には，通常学級担任をと…．ヒロ子は，泣き叫ぶ毎日で，血が出るまで自分の手を引っ掻いたり，上あごに爪を立てて血を出すこともあった．なんとか止めさせたいと思っていた．もちろん，泣き叫ばせている私への周りの視線も気になった．だから，『受けとめる』なんてしていられない．目の前のことを，今すぐに止めさせる方法が知りたかった．…でも今は，泣いている裏にある，ヒロ子が本当に伝えたいことを受けとめないといけないと思う．その行動は止められたとしても，無視するだけでは，次は，さらに激しくなる．イライラしてしまって，距離を置くこともあるけれど，気持ちはしっかり受けとめないと，おさまらないんだってことがわかった」．

彼女の前に立ちはだかっていたものはなんだったのか．不十分な条件の下で，突然担うことになった特別支援学級担任．当時の彼女の焦りは彼女だけのものではなく，短期間で交代させられる全ての特別支援学級担任に当てはまることではないのか．そして，そこに行動主義にもとづく指導が「魅力的に」見え，幅を効かせる背景がある．

しかし，彼女の言うように，子どもが伝えたいことへの共感と応答がない限り，子どもの「行動」は真に改善されることはなく，発達要求の主体として育っていくことはありえない．

行動改善を迫る指導の蔓延は，教育条件の不十分さを発端とするのではないかとつくづく感じる．子どもの発達を保障する教育の追求と，子どもの発達を保障しうる教育条件の改善が，共に進まなければならないと痛感している．

私は，この間，有子先生はもとよりわかり合えないかもしれないと思っていた同僚に，通じそうな一点を見出してきた．それを，どう引き出し，励ましていくかが，私たちの課題だと思う．先の保護者は「先生も，人間ですよ．先生だって，出会って，学んで変わっていくんです．先生方だって，揺れ動いているんです」と語る．そして「あれは×，これは○ではないと思います」とも．私たちは，同僚が見せる姿の背景にある教育条件と，それが生み出す状況を踏まえて，手を取り合って職場づくりを進めていかなければならないのではないだろうか．手を取り合えることを信じて，同じ苦難の時を生きる仲間として．

● **大きな課題に挑むからこそ，語れる場が必要**

在籍者の急増と実態の多様化の中にあって，教育条件はむしろ後退させられている．また，教員の世代交代の時期でもあり，私も仲間たちも，心身共にすり減らしながら日々の実践と運動にとりくんでいる．支えは，障教部の先輩達とそれぞれの境遇で苦労を重ねる仲間たちの存在である．

障教部の会議に参加する仲間が，「ここは，私の癒やしの場」「通級指導教室みたい．ここにくれば，またがんばれる」と語る．会議後の交流会だけでもと駆けつける仲間もいて，それも大事な「参加」だと位置づけている．

語り合う中で，悩みの本質が見えてくる．学力テストの強要，スタンダードの強制の中で，「思うような実践ができなくなった」と退職の道をほのめかせる仲間の悩みがあった．その背後にある教育のゆがみをとらえ，核心に迫る．そして，「ここに来ると，何をしないといけないかがわかった．自分も挑んでみたいと思った」と語る仲間が現れ，自らも気持ちを新たに明日へと向かう．

特別支援教育が始まって10年．道は険しさを増している．この国の教育が今向かおうとしている先に注意を払いながら，仲間とともに，実践，職場づくりを進めていきたいと思う．

注
1）越野和之・青木道忠（2004）「特別支援教育」で学校はどうなる．クリエイツかもがわ，など．

特集 実践報告 特別支援教育施行10年

仲間とともに学び合い高め合う3年間
中学校特別支援学級の取り組み

谷田 三枝子

1 新年度のスタート

　これから始まる中学校生活に期待と不安を抱きながら入学してくる新入生．1年前，2年前の自分を思い出しながら温かく迎える先輩．新しい仲間と出会い，新年度がスタートする．

　学校の勉強は国語の漢字プリントや数学の計算プリントのことだと思っている生徒や保護者も少なくない．また，これまでの小学校生活を通して「間違えないように，失敗しないようにがんばること」を求められてきた生徒も多い．

　心も体も大きく変化する中学校3年間．今だからできること，自分たちだからできることに，しっかり取り組み，挑戦してほしい．仲間がいるから，失敗しても支え合える．自分のよさに気づき，自信をもってほしい．そんな願いで，生徒たちに向き合い，寄り添い，教科の学習や行事に取り組んでいる．日々の教科等の学習は，知的障害と自閉症・情緒障害，それぞれの学級で行うが，行事の取り組みは，2学級合同で行っている．行事の取り組みは，既存の内容に工夫を加えてよりダイナミックに取り組むとともに，自己認識を深める仕掛けを意図的に入れたことで，教師の予想をはるかに超えて，目を見張るような成長をもたらした．こうした前任校での学級づくりの取り組みを，とりわけ年間の学級行事と進路指導に焦点を当てて報告する．

●憧れとプライド

　年度初めの学年集会で，特別支援学級の紹介をする．なぜ特別支援学級があるのか，どんな人が，どんなふうに学んでいるのか，そんな話をする．生徒作品の「木版画カレンダー」を全学級と職員室などにプレゼントし，日々作品に触れてもらうようにしている．「こんなすごい作品を特別支援学級の生徒が作ったの？」と他の学級の生徒や先生から褒められる先輩の姿は，新入生の目標となる．カレンダーの制作は，簡単なことではないが，みんなで協力しながら作り，全校で活用されて，ちょっと得意げな様子である．校長室には，学級全員でプレゼントに行く．先輩が代表で挨拶をして，かっこいい姿を見せる．最上級生としての自覚やプライドを育む場にもなる．

　交流学級と交流する授業や活動を検討する．朝読書，朝学活，終学活，昼食，音楽，美術，保健体育，技術・家庭，道徳，学活，総合等があるが，何を目的にするのか，どんなふうに過ごせるか，単に場の共有に終わらないように考えながら検討する．生徒は，必死にがんばろうとするが，よくよく話を聞いてみると「交流に行きたくない」と思っているとわかることがある．ついていけるかどうか自信がない．周りの友達と比べて，うまくできないことに気づいて，逃げ腰になってしまう．小学校の時には仲良くしてくれていた友達と，中学校に入ると疎遠になってしまう．意地悪されているわけではないけれど，話をする機会が減って寂しい気持ちになる．自分の意思は，いつも「はい」ではなく，「いいえ」「いやだ」と答えることも認めたい．思いがわかれば，これから

たにだ　みえこ
広島市立祇園中学校

どうしたらよいかを一緒に考えることができる．自分の意思を表現することを目指したい．

2　行事で育つ集団の力

（1）連合野外活動

毎年7月に，市内の中学校の特別支援学級が3グループに分かれて，広島市似島臨海少年自然の家に2泊3日で行く．全体プログラムの事前学習とともに，学校独自の取り組みも行う．

●可能性への挑戦

例年，教師主導で班編成していたが，「どうせ，先生が都合のよいように決めるから，希望を言っても通らない」と意見が出た．そこで，3年間の集大成として，生徒たちで班編成をすることにした．はじめは，「誰と一緒にいると楽しいか」を考えていた生徒たちだが，「全員の希望を通すのは難しい」「仲良し班にしたら，乱れた時に歯止めが効かなくなる」「仲良し班にしたら，人数が均等にならない」「孤立する人がいる」等に気づき，次第に，どうすればうまくいくかを考えるようになる．班長を選び，班長会で決めることになった．「どんな人が班長になったら，みんなが納得できる班編成をして，活動できるか」という視点で話し合いをした．班長に必要な資質の項目を出し合い，自分たちは当てはまるのかを考えた．班長会では，「孤立しがちな仲間にどのように声をかけられるか」「乱すメンバーをどうしたらよいか」等を考えながら班編成をしていた．自分にできること，友達とならできることを知り，先生に何を助けてもらいたいか，今の自分たちは何に挑戦したいかを考える．今までの2年間の失敗も思い出し，自分たちはできるんだということを認めてほしい生徒たちの思いを感じとりながら，教師も成功してほしいという思いで進めていく．

●自己評価と他者評価

3日目の学級活動は野外調理（段ボールオーブンで惣菜パンを作って食べる）を計画し，事前学習では，基本のパンの作り方を学習した．さらに，どんな具材を入れたいかを検討して，試作を行う．振り返りに評価カードを導入した．評価カードは，授業や活動の最後に，「うまくできたところ」「うまくできなかったところ」のように，＋と－で自己評価をする．その後，それぞれの自己評価の内容を，「○○さんのがんばっていたところは？」「△△くんのよくなかったところは？」のような，クイズ形式で質問をして当てっこする方法で，班員どうしが評価をし合う．評価カードを活用して，自己評価だけでなく，他者評価も加えて，振り返りを行った．

パンの出来，不出来よりも，実習の中で，自分ができたことやできなかったことに，周りに指摘されて気づく場面も生まれた．自分ではできているとか，よいと思っていることも，周りから見るとできていない，よいと思われていないこともあると気づく．自分ではがんばったと思っていることが，周りには気づかれていないこともあると気づく．自分ではよくないと思っていることが，周りから見ればよいと思われていることもあると気づく．自分の考えと，みんなの考えが正反対のこともあり，びっくりすることもあるし，新しい気づきからわかることにつながっていく．

●生徒たちだけでのオリエンテーリング

いよいよ，連合野外活動当日．天気もよく，1日目は無事終了した．しかし，1週間前の大雨で登山道が崩れていることがわかり，2日目に予定していた登山が中止になった．急きょ，「島内オリエンテーリング」を企画した．生徒たちだけで，地図を見ながら，島を一周する活動である．教師自身にも，同行しないことに不安があったが，生徒の可能性に挑戦しようと，前日に下見をして決断した．「生徒に自分たちだけでやるという期待と不安を感じさせ，なおかつ達成感を感じることができること」として学校独自で企画した．

「仲良し班じゃないから，いやだなぁ」という思いもある．予定外の活動で，「知らない場所に自分たちだけで行く不安」もある．はらはら，どきどきしながらスタートした．でも，ゴールしてみれば口々に「おもしろかった！」と，とても満

足していた．「分かれ道でどちらに行ったらよいかわからなかったときに，Aさんが『こっちじゃない？』と言ったから，行ってみたら合っていた」と，Aさんのことを見直していた．教師がいるとすぐに教師に頼ってしまうが，生徒どうしで関わり合いながら，自分たちだけでやることを通して，新たな発見があり，お互いの理解が深まる場面が生まれた．教室では気づかなかった友達のよいところに気づくこと，不安だったけど友達といることで心強くなれたこと，そんな自分に友達が気づいてくれていたこと，しんどくなっても，わからなくなってもあきらめずにがんばれたのも友達がいたからだと気づいた．一人でできないことも，協力すればできることに気づいた．予定通りの登山では，このような生徒の姿を発見することはなかった．充実した2時間だった．

●失敗から学ぶ

このよい雰囲気のまま2日目を終えたい，と安心していたら，事件は起こった．キャンプファイヤーの最後に，参加者全員が寝ころんで，今日までの活動を静かに振り返る場面である．暗くなった会場内で，静かに振り返りをしているはずなのに，一部に，こそこそしゃべって騒がしい集団がいる．聞き覚えのある声だ．怒り心頭である．

キャンプファイヤー終了後の学級会では，「なぜ，先生は怒っているのか」「どうしてそうなったか」を考えさせた．いけないとわかっているけど，友達といるとつい調子に乗ってしまう弱さを反省し，自分たちの行動が周りにどのように迷惑をかけたか，学級のみんなで振り返り，「どうすればよかったか」を，時間延長して考えさせた．自分の可能性や評価を自分の行動でつぶしてしまう怖さを知ることにもなった．就寝時間を過ぎてしまった生徒たちは，すばやく行動して，失敗を取り戻そうと必死であった．

（2）和太鼓発表

10月の学校行事「合唱祭」では，それぞれの生徒が自分の交流学級に入って一緒に合唱曲を発表するとともに，特別支援学級で和太鼓発表をする．

●葛藤を乗り越える

太鼓は嫌いじゃないけど，合唱祭の舞台発表はやりたくない．恥ずかしい．注目されたくない．特別支援学級とばれたくない．かっこ悪いと思われる．笑われる．自信がない．不安だ．

例年通りではない，難易度の高いレベルを目標にし，「自分たちで太鼓の地打ちをし，自分たちだけでできるかっこいい発表」を提案して，生徒たちのプライドを揺さぶる．「衣装は，Tシャツではなく法被！」と言う生徒の声に応え，全面的に後押ししようと，教師は法被を縫って準備する．

練習を重ねていく中で，いつもうまくいかない場面や，同じ人が間違えてしまう場面が出てきた．間違えている本人は気づいていない．気づいているけれど修正が難しい．すると，生徒自らどうしたらよいかを考える．「目力で合図を送る」「周りに伝わるように声を大きく出す」など，自分たちで考えた工夫を実行しようとする．また，周りの人へのアドバイスは，できていないことを直接言うのではなく，相手を傷つけないような言葉を選ぶ大切さに気づく．教師がいろいろと注意するよりも，友達からのアドバイスのほうが，よく響く．よい発表にするために，みんなが意識してがんばろうという雰囲気が生まれる．

かっこ悪いと思っていた太鼓も，友達がかっこよく見えることで，自分もかっこよくなりたいと思う憧れや，がんばればかっこよくなれるという可能性を信じる強さにつながる．うまくできないことも友達に教えてもらうことでできるようになることもある．できた時には友達がほめてくれる．そんな努力を重ねることで舞台がさらにかっこよくなる．自分がサボると，みんなに迷惑をかけることに気づく．かっこよくなることで，学級の評価が上がることに気づく．先生に頼らなくてもできる可能性を感じ，挑戦する．

周りの人から「だめ」と言われることを怖がって自分から先に「だめ」と言っていた．傷つかないように自分を守って避けていた困難にも，努力

や協力で乗り越えられることもたくさんある．人と比べることで自分ができることを再認識する．自分ができることや得意なことは胸を張って，たくさんの人の前でも披露できる．人に認めてもらうことが自信につながり，胸を張って，交流に行けるようになる．認めてもらうことの気持ちよさ，その快感を自覚することで，より努力につなげることができるようになっていった．

合唱祭の振り返りの話し合いでは，「〇〇君の声が大きかったから，間違えなかった」など，友達のことを褒めたり，感謝したりする内容が増えた．自分では低い評価をしていた生徒も，褒められて，まんざらでもない様子だった．

（3）小中交流会

毎年12月と2月に，学区内の小学校と中学校が集まって，特別支援学級どうしの交流をし，親睦を深める．

●根っこや幹が太くなっていく

小学生から見た中学生は憧れの姿であり，中学生は小学生を見ることで，自分の成長を感じる場にもなる．各校が出し物を持ち寄って交流する．中学校は，出し物に加え，会場準備，会場案内，司会などを担当する．例年，教師主導で話し合ってきたが，企画と運営を生徒にまかせることにした．今までどのように進めてきたか，役割分担などを思い出しながら，自分たちで話し合いや準備を進めていた．得意なところを生かすことや，独りぼっちになる人が出ないように考えながら分担し，声を掛け合う様子も見られた．自分にできることや友達にできることがわかってくると，役割分担もスムーズにできる．そして，友達の苦手なことがわかると，自然に協力するようになる．

交流会の最中には，成長を感じる場面に出会った．それまでは，小学生の出し物を斜に構えて傍観する様子があり，小学生に申し訳ないと感じることがあったのだが，なんと，小学生の手をとって，歌ったり，踊ったりする姿が見られた．まるで，保育士さんのようであった．小学生が困っていることを敏感に感じ，自分のできることで援助する場面もあった．生徒自身の成長もあったと思うが，信頼してまかせることで，より自覚も高まったと思う．

（4）合同文化祭

毎年2月に，市内の中学校特別支援学級が集まって，卒業生の門出を祝う会と合同文化祭が行われる．各学校の取り組みを展示と舞台で発表する．

●最後の挑戦

自分たちでできることのすばらしさを体感して成長してきた生徒たちの集大成の作品を発表する場として「自分たちでシナリオ，演出を考える」を提案した．乗ってきた生徒もいるし，あまり乗り気でない生徒も，周りにつられて考える．どんな話がいいか，アイディアを出し合う．一人の生徒の「ぬけないかぶ」という発言をすばやく拾い，それぞれがやりたい役を言う．教師は，それを全て受けとめる．誰より，教師が子どもたちの可能性に期待し，信じて支援する．今までに，見たこともないような新たなシナリオで劇が作られる．1年生の時には，舞台に立つのが嫌だった生徒が，この姿（役柄）ならできるという発想につながっていく．

アクションが得意な生徒，ものまねが得意な生徒，踊りが得意な生徒．一方で，派手なことは苦手な生徒でも，一般的な動きをすることがみんなの個性の中ではとても生かされることに気づき，それぞれのよいところを出す楽しいステージが創られていく．練習を撮影してチェックをするなど，自分のことを自分で評価しつつ，お互いも評価し合う．評価カードがなくても，お互いのことを評価し合えるようになり，ときどき気持ちが抜けても，当たり前のように友達どうしで励ましの声を掛け合えるようになっていた．

学校内では，他の教員にリハーサルを見てもらうなど，観客に見られることに慣れていくようにした．それでも，心配な生徒は，本番の会場で，みんながつまらないとどん引きするのではないか，緊張してうまくできないのではないか等，客

席を意識した発言もあった．

　当日は，プログラム一番，積み重ねた練習で怖いものなしの本番．観客からは拍手喝采，大絶賛であった．普段なじみのない会場の職員からも，演技力の高さや衣裳，道具などに感嘆する感想を言ってもらえた．生徒たちは，やりきった達成感や充実感に満ちあふれていた．

3　進路にむけた取り組み

（1）「自分について知ろう」

　自分の体の形や各部位の名称，いろいろな仕組みと働き，命のこと，自分のプロフィール，自分の現在，過去，未来等について，理解を深めることを主な目標として，段階的に，毎年学習している．

●科学的，客観的に学び合う

　まず，「等身大の自分パネル」を作る．毎年学習することで，既習事項を思い出して理解を深められる．また，上級生が下級生に教えることもできる．毎年の学習であるが，発見もある．「心臓を付けたら，しゃべるかもしれん」と，生徒どうしで広がりができる．知識が増えて，自信がつき，「食べた物が体の中でどうなっていくのか，説明できます」と他の教員に自信をもって話ができる．

　「『等身大の自分パネル』をより自分らしくするにはどうしたらいいか」を聞くと，「平面だからダメだ」「どうせ段ボールだ」の意見とともに，「自分の情報をインプットしたらいい」「3Dプリンターでプリントアウトしたら，立体化できる」の意見が出る．見た目は自分だけど，段ボールでできたぺらぺらの自分に，どうすれば自分らしくなるかを問いかける．自分にしかない特徴や生年月日などのプロフィールを組み込んでいくけれど，何かが違う．自分らしさとは何かをみんなで考え，さらに，内面に触れていく．くせや性格，長所，短所，得意なこと，苦手なこと，自分らしいことを「ぼくの□□は何でしょう？」のように，クイズ形式で当てっこしていく．自分のことを詳しく知ることは，将来，どんな仕事ができるのかなどを考えていくことにも役立つ．自分の情報はたくさんある方がよい．情報をたくさんにするために，自分一人で考えるよりも，友達に言ってもらったり，みんなで考えたりするほうがよい，と気づく．

　短所や悪いところを指摘しないといけない時もある．相手を傷つけずに，伝えるために言葉を選ぶ．時には，信じたくない自分の悪いところにも気づく．でも，友達の優しさを重ねることで，素直に聞くことができたり，改善できることを見つけたり，自分がどうなりたいかに気づく．悪口ではなく，相手をよくしようと思っていることは伝わることに気づく．

　まとめでは，「自分は，人から自分の色々なじょうほうを教えてもらいました」「あんがい，ほかの人からみて，なにが好きなのかをちゃんとしっているなとおもいました」「自分は，みんなからみたときと，自分からみたせいかくがちがうことがわかった」「自分の意見とみんなの意見を比べると，ほとんど一緒だなと分かった．みんなの意見は，ほとんどなっとくした」「色々な人はひとりひとりこせいがするんだなーと思った．僕は色々なことをみにつけなきゃいけないな，やっぱしな，いろんな人をくべつはいけないぜ」「楽しくやれてうれしかったです．自分のいけんをあててくれたことがうれしかったです」などの意見が出された．友達からの気づきは，よいことばかりではないが，受け止めようとする生徒たちの姿に，成長を感じた．

（2）進路学習

　きょうだい，いとこ，先輩等，身近な人の姿から，中学校卒業後の進路（進学）について，自分なりにイメージを描いていく．入試がある，勉強をしないといけないなど，意識も高まっていく．また，声優，JRの運転士，自分のスマホを持ちたい，自分の体力を生かして○○通運で働きたい，車関係の仕事をしたいなど，将来の職業や生活への憧れもある．

特別支援学級の生徒の進路先は，選択できるほど多くないけれど，自分で「この学校に行って勉強したい」と決めてほしいと思う．「先生や親が言うから行く」「○○くんが行くから自分も行く」のではなく，自分の意志で決めてほしい．「進学したくない」という思いをもった場合も，よく話を聞いてみると，「遠いから，バスに乗っていて，寝てしまって，乗り過ごしたら困るから…」と，自分の特性をよく考えているなあと感心するような視点もある．不安はたくさんあるけれど，悩みながら，決めていく過程が大切だと考える．

　療育手帳がある生徒は，特別支援学校に進学する生徒が多い．しかし，療育手帳のない生徒は，進学先が限られ，全日制の高校への進学を希望しても，評定の問題など，課題が多い．

　特別支援学校に進学を希望する場合は，教育相談に行く．入試を心配した生徒がそこで，「入学試験の問題は難しいですか」と質問したら，「大丈夫ですよ，みんな合格しますから」と聞いて安心し，その後勉強しなくなった．そして，入試の問題は，本人曰く「ノー勉でも（勉強していなくても）できた」それを聞いた後輩たちは，「入試の勉強をするのは嫌だけど，勉強しなくても合格できる学校には行きたくない」と感想を話していた．残念な一件だった．

　今の自分を理解することで，今の自分に足りないこと，もっとがんばれること，がんばりたいことを夢見るようになる．それは，手の届かない夢想ではなく，とてもリアルな目標につながる．目標が具体的になると，努力も具体的になる．自分で問題を見つけたり，友達と競ったりする．友達とかかわりあうことで友達を知り，そして自分を知り，自分を高めようとする．

（3）卒業

　卒業前に，3年間を振り返る作文を書く．「三年前よりとても自立できるようになりました」「色々とおこられたりしたけど，のりこえてがんばってやってきました」「すうがくのひっさんができるようになりました．こうこうせいになったら，いろんなことにチャレンジしようとおもいます．にがてなすうがくも，もっとむずかしいもんだいがあるとおもいます．でも，それでもあきらめずにやろうとおもいます」「社会人になってからすごいためになる勉強をありがとうございました」と，たくさんの学習を思い出して書いている．家族への感謝の手紙には「ぼくは，3年間で成長しました」「これからもがんばって，すてきな女せいになりたいです」こんな内容を書いている．とても誇らしげである．3年間を振り返り，自分の成長の軌跡に自分が気づく．これから先の夢や目標に，希望と期待が膨らむ．

4　おわりに

　不安があったり，いやいや取り組んだりしたことであっても，みんなでがんばった達成感は大きい．仲間とともに経験することを大切にし，「一人ではできないけれど，みんながいるからできる」という気持ちを育て，難しいことにも挑戦し，成功して自信をつけていってほしい．仲間とともにがんばったことが，人としての根っこや幹を太らせ，これからの生活の基盤や，新しいことに挑戦する支え，困難を乗り越える支えとなり，豊かに社会生活を営む力につながっていってほしいと願う．

　生徒の振り返りから気づきを引き出し，集団の中での話し合いを尊重して自分たちで決めたり，解決したりする力をつける．教師はパフォーマンスや個性も総動員する．生徒の表情や反応も見取りながら仕掛けもする．思春期を迎えた生徒の心は揺れながら，迷い，待ちながら後押しを期待する内面を感じる．仲間との関係にも照れたり，素直になれなかったりする自分と向き合いながら，共に活動する喜びも経験させたい．そのような生徒の思いを理解しつつ関わることは，私の成長にもつながっていくと信じて，これからも私らしく関わり続けたい．

特集 実践報告 特別支援教育施行10年

高等学校における特別支援教育をめぐる議論

北原　恵美

はじめに

2016年度の「学校基本調査」（文部科学省）によると，長野県の中学校における特別支援学級数と生徒在籍率（3.91％）は全国1位であった（全国平均2.08％）．障害種別の特別支援学級在籍生徒数でみると，特に自閉症・情緒障害学級の在籍割合が高く，小学校は全国2位（63.7％），中学校は全国1位（63.5％）（全国平均47.1％）が数年続いている．また，知的障害学級も含む特別支援学級在籍生徒の高校進学率は69％（全国平均24％）であり，このうち40％は公立高校へ進学している．発達障害をはじめとする生きづらさや社会性に困難を持つ生徒が，少人数で学べる環境があることから夜間定時制や中山間地に存立する小規模校を選択する傾向はあるが，特別支援教育がはじまり10年が経過した現在，発達障害を持つ生徒の在籍状況は表1の通りである（全日制74校，定時制18校に在籍）．県内のほとんどの高校に在籍している．しかし高校における特別支援教育についての教職員の意識は学校によって差が大きい．特別な支援のニーズ（以下，ニーズ）のある生徒（表2）や保護者のねがいはかなえられているだろうか．将来に対する不安を感じながらも教職員や学校の仲間と共に高校生活を謳歌することのできる態勢は準備されているだろうか．

きたはら　えみ
長野県箕輪進修高等学校

本稿では，2018年度から制度化される「高等学校における通級指導教室」も視野に入れつつ，長野県の多部制・単位制高校（定時制課程）の実践を中心に報告する．

1　特別支援教育の考え方

2008年高校における特別支援教育の始まりは教育改革の流れの中で，決して穏やかなものではなかった．教育基本法改定（2006年），学校教育法改定（2007年）により公教育の制度原理が大きく転換した時,「改正学校教育法」に，発達障害を含む特別支援教育の対象となる子ども・青年についての観点（第81条第1項）があることを意識していた高校教員の存在は多くはなかった．

高校における特別支援教育が開始され，特別支援教育コーディネーターの指名はわずかの間に達成したが，進学校ほど具体的な組織整備は遅れている傾向にある．担任や特定の教職員が個人的にニーズに対応するなど，多くの学校では全体の取り組みにはなりにくい実態がある．加えて，高校現場には「特別支援教育」は唐突に下されたとする抵抗感があり，理解して実践するには時間を要している．

かつて，障害があるために憲法26条の「ひとしく教育を受ける権利」を侵害されていた子どもたちがいた．教職員と保護者が，就学保障の公的な責任を行政に求めて粘り強く運動を行い1979年の「養護学校義務制」を実現し，今ではどんなに障害の重い子どもでも教育を受ける権利が保障されている．筆者自身はこの障害児教育の歴史を

知ることにより，コーディネーターの役割について，ストンと胸に落ちる瞬間があった．この10年を駆け抜ける中で，最も重要な瞬間だったように思う．「与謝の海養護学校」開設の精神にも学んだ．「すべての子どもに等しく教育を保障する学校」「学校に子どもを合わせるのではなく，子どもにあった学校を作る」という同校の理念が，教師を含む多くの人々の「子ども観」に変革をもたらした．

また，与謝の海の理念には「学校づくりは民主的な地域づくり」とある．これまで高校現場では，特別な場合を除き，教育関係以外の他者とともに問題解決をはかろうという考えはなかった．「療育」という言葉さえ知られてはいない．今，教育と医療，保健，福祉，労働等，地域の各機関が連携することは当然のこととなりつつある．「少子化」と「新たな学びの改革」により全国で小規模校の存続が危うくなっている中で，地域との連携はいっそう重要になっており，「民主的な地域づくり」は提唱されて45年以上を経てなお現在の高校教育に通じると思う．ニーズを持つ子どもたちが見守られながら特性を生かして働き続けることは，これからの共生社会の願いでもある．高校における特別支援教育の役割は広く未来につながっている．

2 高校再編と多様化

特別支援教育の導入と同時期，高校の多様化などの全国の流れに沿って，長野県においても「第一期高校再編計画」(～2008)が打ち出された．その一つが小規模な夜間定時制の統廃合による「多部制・単位制高校」への再編であった．本校の再編校としてのベクトルは不登校経験生徒を受け入れる体制づくりに向いていた．本県の高校改革の構想は「多様な学びの場の提供」であるが，特別支援教育の実践校となる見通しについては，現場には知識を持つ教職員の計画的配置もなく，覚悟もないまま，特別支援教育に関しての準備期間を持たず想定外のニーズを持つ生徒と向き合う

表1 発達障害の診断を受けている生徒の在籍状況

障害名	全日制	定時制	全体比
LD	59人	12人	0.15%
ADHD	186	40	0.46%
ASD	359	108	0.97%
複数の診断	70	49	0.26%
比率	1.47%	10.75%	1.84%

長野県 2016.9 調査より作成

表2 スクリーニングにより特別な支援が必要と思われる生徒※の在籍状況

2016.8.31 現在

課程	全日制	定時制(多-単含む)	全体
年度	981人	273人	1,254人
全体比	2.14%	14.1%	2.52%

※小・中学校における発達障害の診断を受けている児童
高等学校における発達障害に関する実態調査のまとめより作成

こととなった．

多部制・単位制となった本校に卒業生を送り出した中学校の自閉症・情緒障害学級の担任から「生徒自身に合ったペースで少人数の学習ができる環境が高校に整えられることに大きな期待と喜びがある」ことを伝えられた．困難を持つ生徒も，少人数で学べる環境があれば，生徒自身の力でステップアップできる．少人数の授業・学級編成にはそんな力が隠されている．

多様化と生徒数減少のため再編はさらに推し進められ，県内に多部制・単位制高校が本校の他に2校設置，山間部の小規模校を都市部大規模校の分校としたキャンパス校化，農業高校の空き校舎を利用した特別支援学校の分教室設置が各地区に進められた．背景には財政的な意図を感じざるを得ないが，当時，県教委の示す高校教育の3本の柱には，不登校対応，特別支援教育，学校再編が掲げられていたことから，筆者は再編校の特別支援教育コーディネーターとして，3本の柱のすべてに関わる本校の状況を丁寧に伝えて要求したところ，臨時の予算配当もあった．

多部制・単位制の新システムは新入生から始まるため，校内に全日制の2，3年生を残しながら進めなければならなかった．Ⅰ部には工業科と普通科があり定時制課程とはいえ全日制と変わらな

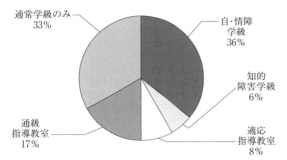

図1 2017年度Ⅱ部入学生の中学校在学時の状況

い日課を過ごし，全員が3年で卒業（卒業までに89単位修得）することを目指している．午後を中心とした日課を行うⅡ部は，緩やかに4年をかけて卒業することを基本とするが，半数以上の生徒が3年間で必要単位を修得して（最低修得単位は74単位）卒業することを希望している．Ⅱ部生の6割以上は不登校経験生徒，発達障害の診断を持つ生徒は例年2割以上である．中学校在学時の状況を図1に示す．Ⅱ部への入学志願者は募集定員を大きく上回っており，夜間より昼間で少人数の環境を求められている．これまで高校にはなかった多様な対応に追われる事態となった．

Ⅲ部（夜間部）は統廃合となった夜間定時制の延長で，かねてからいわば「特別でない特別支援教育」が実践されていた．夜間定時制の教職員は個々の生徒の特性に合った授業を展開し，特性に合致した就労を教師の足で稼いで探し，社会へとつなぐ実践経験を持っている．ニーズを持つ生徒にとって夜間の教室そのものが居場所であり，教職員にとっても重要な羅針盤的存在である．あたたかくも厳しいベテラン養護教諭を中心にしてスタートを切った．

多部制・単位制への新入生には問題の後追いにならぬよう，入学前から多面的なアセスメントを開始した．保護者面接による診断名，困難点の申し出，中学校からのプレ支援シートによる発達障害の特性，口頭での情報交換，学力検査の分析，基礎学力テスト結果の可視化，MIM検査の一部実施．臨床心理士であるスクールカウンセラーによるバームテスト分析（発達，知的，精神，非行の4領域を大まかに捉える程度にとどめる），厚生労働省の職業適性検査GATB分析など，コーディネーターを中心とした教育相談係は常に諸係と連携して学習環境整備と観察において教職員の生徒理解を促している．支援の経験の少ない高校教員が納得するためには必要なことと考えている．

文科省の「高等学校における発達障害モデル事業」（2007年度から）の県内実施校，先進県にも多くを学んだ．主として授業，教室の環境整備，教職員の理解の上に展開される「学校」全体としての取り組みである．しかし，高校現場の教職員には「発達障害」についての生徒理解が定着しにくい．原因を分析すると，①高校生ならこれぐらいはできて当然という根強い思い込みがある，②定型発達が基本，それ以外は排除というあり方，③一斉指導における同じ到達点の評価が基本，④進学率向上のため教科の知識量評価を重視，⑤基礎的な研修時間の圧倒的な不足，⑥管理職の理解，リーダーシップが発揮されない，⑦想像力の不足，などがあげられる．

「特別なニーズのある生徒は配慮ある学校に棲み分けをするべき」など，特別支援教育の理念とはおよそ相容れない認識を耳にすることさえあった．その様子は1994年に日本が「子どもの権利条約」に批准した当時の教師の戸惑いに似ている．

また，特別支援教育ではしばしば「問題行動」が問題となる．行動の背景にある発達の問題を早期にとらえることと併せ，生徒指導（生活指導）のあり方に捉えなおしが必要である．生徒指導と教育相談は同じ到達点を目指していてもアプローチの方法は両極である．両者がバランスよく動き始め，生徒指導担当者には発達障害の理解とスキルの向上が要求され，同時に，教育相談係（直接的な支援者）には本人の特性に配慮しながらも「ぶれない枠づけ」が重要であった．何よりも特別支援教育に関わるシステムの構築は急ぐ必要があった．

コーディネーターとして模索していた時期，私

は根幹に「子どもの権利条約」の4つの柱，①生きる権利，②育つ権利，③守られる権利，④参加する権利，を中心に据えた．このことはこれまでの夜間定時制の在り方に学ぶことができる．そこには特別支援教育の知識は乏しくても常に生徒を観察し，一人ひとりに声をかけ，教科指導だけではない時間を共に過ごし，先入観なく個々と向き合い，困り感や要求に対応し，個人にあった就労にまでつなげることが当たり前にできる教職員が存在した．このことは教師のパッションだけに由来するものではなく，明らかに少人数体制であることが可能としている（もちろん今後は障害を理解した上での関わり方に意味がある）．

また，高校におけるコーディネーターの多くには戸惑いもある．長野県教育委員会発達障害基礎調査によれば，全日制高校のコーディネーターは特別支援の困難点として次のことをあげている．①担任の領域を侵すこととなり遠慮している，②担任は生徒のすべてを把握し主にかかわりたい，③アセスメントで掘り起こしをする必要を感じない，④教科の評価が難しくなるので特別な配慮はしたくない．

私見としてさらに，⑤主訴の捉えが苦手（自立活動の観点がもてない），⑥分掌上のなり手がなく赴任と同時に着任，を付け加えたい．コーディネーター孤立の現実が浮き彫りになっている．

長野県では，コーディネーターの指名について，養護教諭の要求によって養護教諭のコーディネーター兼務を避けている実態がある．本校を例にとっても，教科の教諭がコーディネーターを行うことで，ニーズのある生徒の居場所を保健室とは分け，有能な養護教諭によって，身体や精神の不調で来室する他の生徒の訴えを保障している．学校の中に居場所と感じられるところ（空間）を一つでも多く作ること，場所だけでなく人がいることも重要であった．

この10年は必要と思うことを次々に形にした．生徒ラウンジを作ったこともその一つである．空き教室に生徒が自由に使用できる落ち着く空間を作った．登校して教室に向かう前や休み時間ごとに訪れる生徒もいる．校内の理解と協力によりコーディネーターの授業持ち時間を減らし常駐した．教室の雑踏が苦痛で昼食を食べることができない生徒が訪れる．授業中の様々なイライラからクールダウンのスペースを必要とする生徒もいる．自分本位で話をしたい生徒と割り込みの得意な生徒が複数集まると大変な騒ぎとなったためパーテーションを設けた．古い生徒用ロッカーや下駄箱を倉庫から持ち出して壁を作り，個室に仕立て，ルールを作った．また，生徒同士のトラブルを「いじめ，命にかかわる問題」として県に丁寧に説明し予算を要求し，丸みのある机，ゆったりとした椅子，見やすい時計，観葉植物を購入した．生徒は生徒ラウンジを授業のサボりには使わず，現在でも大切に使用している．

3　大切なことはすべて生徒から学んだ

A君にはだれの目にも気づく特徴がある．大きなリュックは教室移動の時でも肩から外すことはなく，毎日すべての教科書を持ち歩いている．急な予定の変更はもちろん苦手で，家から学校に到着する間にもいくつもの難関があり，それによって学校での一日も決まってしまう．不安感から教室に入れないときもある．フラッシュバックからパニックを起こして水をかぶったことも，ケータイを投げてつけて廊下に座り込むこともある．辛かったエピソードや自分に起きた理不尽なことについて日付，曜日，時間を繰り返し話す．嫌なことを忘れることができない苦しさがある．A君は自分の生きづらさの中で，ある時，身体障害のある友人を「うらやましい」と言った．「目に見える障害は人が助けてくれるから」と，涙を流し不器用に手のひらで涙を拭いた．A君の存在により周囲がどれほど多くを学ぶことができただろう．

また，B君は小学校高学年ごろからトラブルが続き自分を否定され続けた．中学2年生で発達障害の告知を受けたが，突然自分の障害を伝えられ混乱が続いた．保護者は，B君は自己理解をして

いると信じたが，この時期の彼らは「自分とは何者か」について問い続けている．B君は高校生になり新たな環境で「今度こそ」（人とうまくやりたい）と明るくスタートを切ったが，入学から数か月もすると生徒間の遠慮がなくなりトラブルが続出した．B君は発達障害の自分との出会い直しをしていた．

B君はA君を「うらやましい」と言う．「A君は自分自身をよく分かっていて，人に助けを求めることができる」と言う．B君は自分自身の障害について，誰に，どのように，何を助けてもらえるのかを繰り返し知りたがったが，一緒に過ごす教師を疲れさせるばかりだった．一人の教師が個人で支援することの困難を知った．チーム支援とは本来，多様な専門性のある資源との連携を理想としているが，特別支援教育のはじまった当時は，医療でも療育でもない教育の現場である学校に支援を要求されても無理だろうと思うことが何度もあった．しかし，学校は学校の秩序の中で特別支援教育を行うことを約束されている．上手くいくことも，上手くいかないこともある中，ニーズのある生徒との関わりは続き，支援の手ごたえがあれば次の支援の源となり，うまくいきはじめると生徒も教師も「動き方」が「わかる」．やがて支援者の孤立はなくなり経験は共有され，むしろ学校でなければできない「学習」と「集団の中の支援」が明確になっていった．「困っている子」を放置しても改善されることはない．支援の遅れが問題行動の後追いを生み，教職員の疲弊を招くことも明らかだった．早期介入が大前提であることを多くの失敗から学んだ．

4　高校における通級指導教室

文科省は，全国19校（現在22校）を研究開発指定校として，3年間の期限で「個々の能力・才能を伸ばす高等学校における特別支援教育」事業を実施した．本校も2014年度から指定校となり，2017年度は実施準備校として「個別の自立活動」について実践を重ねてきた．高校の教育課程にはない「自立活動」領域の指導を，特別な教育課程の編成として年間2～7単位まで読み替えて行うというものである．モデル校として通級指導教室を開設したことに起因するかは明らかではないが，本校の入学者の傾向は大きく変化して（図1），Ⅱ部入学者の半数に発達障害の診断名があることとなった．

2018年度より「高校における通級指導教室」が制度化されるが，具体的な実施の方法や実施校は各県の方針によるものとされ，全国一斉に開始される見通しはない．教員加配の見通しや施設設備予算もない中，物理的な教室の設置，教育課程の編成や，対象生徒の選出，保護者への理解，教職員の配置など検討すべきことは多く，今後，該当校となる現場の困難が懸念される．また，中学校との連携体制の構築も大きな課題となる．高校における通級指導の対象生徒はまだ限られるであろう．中学までの特別支援学級の延長でもない．高校において障害を持つ生徒に対する教員加配は定数化されていない．小・中学校では生徒13人に対して加配教師1名という「基礎定数化」の措置がなされたが高校には未だ約束されていない．

また，国の指針には，「自立活動」ともう一つ「通級の指導以外の授業においてもわかる授業となる環境を整える」とある．すべての教員が指導力の向上に努めることが望まれている．対象生徒が通級指導から教室に戻った時こそ生徒の力が発揮できるよう授業に配慮がなくてはならない．

今後，通級指導における対象生徒の進路を意識した個別の自立活動が，高校のインクルーシブ教育の中でどう生かされるか期待される．卒業後の社会参加を視野に入れた体制づくりは高校においては重要な課題である．その意味では高校における通級指導教室設置は全日制普通高校においても始める必要がある．

5　「合理的配慮」と少人数学級の実現

この10年の間に障害者の人権に対する理解は確実に前進した．発達障害に対する理解は教師を

含め，社会的にも定着してきていると感じている．障害者権利条約の批准を踏まえ，2016年4月に施行された「障害者差別解消法」では，公教育の場においても「合理的配慮の不提供の禁止」の法的義務が示された．高等学校における特別支援教育を取り巻く状況は再び新たな局面を迎えた．

現在，本校に発達障害の診断名を持つ生徒は全校に50余名，疑いのある生徒，不登校経験生徒，精神疾患，貧困，親の暴力，暴言などによる二次障害も含めると100名近くのニーズを持つ生徒が在籍している（表2）．この数年間で大多数の教職員がニーズのある生徒への適切な声掛けや配慮ができるようになった．教室の環境整備，校内の表示に加え，生徒への指示が明確となり，一斉授業における「わかる授業づくり」については「共同的な学び」と合わせて本校の課題として取り組んでいる．

合理的配慮については2015年4月より，入学式の際に，保護者，新入生に対して配布物と口頭で説明を行ってきている．入学前のガイダンスでも教育相談の窓口を開設している．

発達障害を持つ1年男子生徒が校内で器物破損の乱暴行為を起こした．通常の生徒指導を受け入れられずに欠席が続いた．保護者は圏域の障害者支援センターを通して発達障害の「合理的配慮」として通常の指導ではなく「振り返り」を行うことを求めてきた．学校は安心安全を保障するために，発達障害であっても暴力は容認しない．その枠組みは緩めてはならないと一貫した姿勢を貫きつつも，本人の理解，納得になるよう保護者の思いに耳を傾け，受け止めながら，学校としてできることとできないこと，本人の自立に向けた方向性について，外部機関の参加も得て話し合いを進め，振り返りシートによる自己理解を深めた．すべての教職員への情報の共有と納得も重要であった．なくてはならない個別の支援計画・教育指導計画，保護者を含む支援会議，受診に同席して医療と連携するなど一つひとつに対応していく．その後，立て続けに3件の暴力行為があったが，この経験を基に，それ以後の対応はスムーズに行われ，生徒は落ち着いた生活に戻っている．

排除される子どもは一人もいてはならない，すべての子どもにとっての最善の利益とは何かを判断し，問い続けることが合理的配慮の基準となっている．無論そのことにより方向転換する生徒もいる．

卒業後の進路保障では特別支援学校の実践に多くを学んだが，高校に在学しながら障害者手帳を取得する事例に，多くの教師が戸惑いを感じていた．手帳取得の意味を理解すること，卒業後の就労にむけて福祉の分野とのかかわりを持つことは，それまでの高校の進路指導とは大きく異なり誰にも経験はなかった．個別の対応を重ねながらシステムの構築にかけた時間もはかり知れないが，診断の有無，手帳の有無にこだわることなく個々の将来を見据え，本人の希望と保護者の願いに応じた高校卒業者としての進路決定となることに力を注いだ．本校では進路室に就労担当コーディネーターを常駐で配置している．

忘れてはならないことがもう一つある．支援を要する生徒数が年々増加し，特別支援学校は超過密化となっているが，県の特別支援教育推進指針の一つに掲げている「特別支援学校のセンター化」が，圏域の連携支援室として機能を始めた（圏域の特別支援教育連携協議会）．従来の高校には行政，特に福祉分野，医療と問題を共有して解決する発想はなかったが，ここではセンター的機能の一環として，特別支援学校の教師が専門性と経験で支えてくれている．就労，自立活動の相談にとどまらず医師との症例検討会などを通じてともに学び，相談できる心強さがある．

インクルーシブ教育の実現のために，教師はさらに学び続け，強い要求である少人数学級の編制を実現させたい．新たな学び方の改革が求められる中で，小規模編制はどの子にとっても最善である．通級指導教室導入が生かされるためにも少人数の仕組みづくりが必要である．

動向

改訂教育要領，改訂学習指導要領で障害児教育の現場はどうなる？
特別支援学校幼稚部改訂教育要領，小学部・中学部改訂学習指導要領の内容とその問題点

佐竹 葉子

特別支援学校学習指導要領の構造

（1）特別支援学校と学習指導要領

　特別支援学校学習指導要領では，第1章に特別支援学校小学部・中学部学習指導要領全体の「総則」があり，第2章の「各教科」で，「視覚障害者，聴覚障害者，肢体不自由者又は病弱者である児童（生徒）に対する教育を行う特別支援学校」の「各教科の目標，各学年の目標及び内容並びに指導計画の作成と内容の取扱いについては，小学校（中学校）学習指導要領第2章に示すものに準ずるもの」としている．そして，第2章第1節「小学部」の第1款に「児童の障害の状態や特性及び心身の発達の段階等を十分考慮するとともに，特に次の事項に配慮するものとする」として，1視覚障害者，2聴覚障害者，3肢体不自由者，4病弱者の障害種別に配慮事項が記載されている．それに続く第2款「知的障害者である児童に対する教育を行う特別支援学校」の各教科の目標及び内容については独自の記載（第2節「中学部」も同様）がある．第3章「特別の教科　道徳」，第4章「外国語活動」，第5章「総合的な学習の時間」，第6章「特別活動」に続き，第7章「自立活動」を設定している．
　つまり，特別支援学校の教育課程も小・中学校の学習指導要領に準ずるのが基本で，障害に応じた教育課程編成上の特例や配慮事項などについて定め，知的障害のある児童生徒に教育を行う場合の「各教科の目標及び内容」が独自に設けられる構造である．

（2）特別支援学級・通級指導と学習指導要領

　特別支援学級の教育課程編成は，小・中学校学習指導要領に基づくとされ，特別な必要がある場合は，特別支援学校学習指導要領を参考に特別の教育課程を編成することができる．
　現行学習指導要領では，「総則」の「指導計画の作成等に当たって配慮すべき事項」の中に，「障害のある児童などについては，特別支援学校等の助言又は援助を活用しつつ，例えば指導についての計画又は家庭や医療，福祉等の業務を行う関係機関と連携した支援のための計画を個別に作成することなどにより，個々の児童の障害の状態等に応じた指導内容や指導方法の工夫を計画的，組織的に行うこと．特に，特別支援学級又は通級による指導については，教師間の連携に努め，効果的な指導を行うこと」と記載されている．
　小学校の改訂学習指導要領では，第1章「総則」第4「児童の発達の支援」－2「特別な配慮を要する児童への指導」－（1）「障害のある児童などへの指導」の「イ」に特別支援学級の教育課程編成についての記述があり，「特別支援学校小学部・中学部学習指導要領第7章に示す自立活動を取り入れること」や「知的障害者である児童に対する教育を行う特別支援学校の各教科に替えたりする」と明記された．
　通級指導の教育課程について，改訂学習指導要領では，上記に続く「ウ」で「障害のある児童に対して，通級による指導を行い，特別の教育課程

さたけ　ようこ
全日本教職員組合　障害児教育部

を編成する場合には，特別支援学校小学部・中学部学習指導要領第7章に示す自立活動の内容を参考とし，具体的な目標や内容を定め，指導を行うものとする．その際，効果的な指導が行われるよう，各教科等と通級による指導との関連を図るなど，教師間の連携に努めるものとする」とされた．中学校の学習指導要領でも同様である．

2 「特別支援教育」路線への転換の中で

2003年3月の文部科学省（以下，文科省）特別支援教育の在り方に関する調査研究協力者会議「今後の特別支援教育の在り方について（最終報告）」では「障害のある児童生徒の教育の基盤整備については，全ての子どもの学習機会を保障するとの視点から，量的な面において概ねナショナルミニマムは達成されているとみることができる」という現状認識が示された．

そして，教育的支援を必要とする児童生徒数の増加等には，「近年の国・地方公共団体の厳しい財政事情等を踏まえ，既存の特殊教育のための人的・物的資源の<u>配分の在り方について見直しを行いつつ</u>（下線筆者），また，地方公共団体においては地域の状況等にも対応して，具体的な条件整備の必要性等について検討していくことが肝要である」として，盲・ろう・養護学校以外の場にいる特別な教育的支援を要する児童生徒への対応を，新たな人的・物的資源ではなく，今ある人的・物的資源の再配分で行うものと方向づけた．

しかし，当時から，特別支援学校の過大・過密は大きな問題であり，とても「ナショナルミニマムは達成された」といえるような状態ではなかった．その後も特別支援学校の在籍児童生徒数は増え続け，過大・過密はいっそう深刻な状態になっていった．特別支援学校だけにない「学校設置基準」を「特別支援学校にも策定してほしい」という切実な要求に対しても，文科省は「『設置基準』を策定すると，障害種に応じた柔軟な対応ができなくなる」と言い，要求に背を向け続けている．

一方で，各校に「特別支援教育コーディネーター」を置くこととされ，特別支援学校が「センター的機能」を果たすという役割が課せられた．さらに，「障害種にとらわれない学校制度」のあり方が提案され，一人ひとりの教員には5障害に対応できることが求められている．人を増やさずに役割が増えたので，現場の教職員の負担は多大なものとなっている．

特別支援学級の在籍児童生徒数は，特別支援学校以上の勢いで増加している．この10年間で児童生徒数は約2倍になる一方，教員は1.54倍増にすぎない．しかも，障害は多様化している．知的障害のない発達障害の子どもたちの増加も顕著であり，特別支援学級の実態は10年前の状況から大きく変化している．しかし，学級定数基準は変わらず，在籍する子どもの実態や学年に関係なく，児童生徒8人までは1クラスで，教員一人で担任するのが基本とされる．学級の担任は，一人で何役もこなすことを求められ，「もう限界」の悲鳴が上がっているのである．

文科省発表の「特殊教育資料」（現「特別支援教育資料」）の「平成11年度版」では，盲・ろう・養護学校の児童生徒一人あたりの学校教育費は，小学校の11倍，中学校の10倍かかるとされたが，「平成28年度版」では，小学校の7.7倍，中学校の6.8倍になった．「特別支援教育」路線の下で，2003年の「最終報告」にあったように，特別支援教育にかかわる予算はできるだけ増やさず，現場の教職員の努力を求め，子どもたちを貧困な教育条件の下に置き我慢させていることは明らかである．その延長上に今回の改訂学習指導要領があることを見ておかねばならない．

3 今回の改訂の特徴と問題点

(1) 文科省が示す改訂の基本的な考え方

文科省は，今回の特別支援学校学習指導要領等の改訂の基本的な考え方として「特別支援学校学習指導要領の改訂のポイント」を示し<http://www.mext.go.jp/component/a_menu/education/micro_detail/__icsFiles/afieldfile/2018/01/09/1399950_

1.pdf>，「社会に開かれた教育課程の実現，育成を目指す資質・能力，主体的・対話的で深い学びの視点を踏まえた指導改善，各学校におけるカリキュラム・マネジメントの確立など，初等中等教育全体の改善・充実の方向性を重視」「障害のある子供たちの学びの場の柔軟な選択を踏まえ，幼稚園，小・中・高等学校の教育課程との連続性を重視」「障害の重度・重複化，多様化への対応と卒業後の自立と社会参加に向けた充実」をあげている．そして，教育内容等の主な改善事項として「学びの連続性を重視した対応」「一人一人に応じた指導の充実」「自立と社会参加に向けた教育の充実」をあげている．

（2）国が「資質・能力」「学習内容・方法」「学習評価」を規定

今回の改訂学習指導要領の大きな特徴は，子どもたちに必要な「資質・能力」を国が示し，「学習内容・方法」や「学習評価」まで規定している点があげられる．中嶋哲彦氏（名古屋大学）は，2017年3月25日に行われた「次期学習指導要領批判検討集会」（主催・全教）の講演の中で「これまでの学習指導要領で，教育内容統制の主たる対象は『知識・技能』に限定されていたが，今回の改訂では，習得すべき『知識・技能』を押しつけるだけでなく，『知識・技能』をどのように習得して，どう使うかというところまで踏み込んでいる」と指摘している．特別支援学校の教育要領，学習指導要領も同様である．

①幼稚部教育要領に書き込まれた「10の姿」

幼稚部教育要領には，「幼児期の終わりまでに育ってほしい姿」として，幼稚園教育要領と全く変わらない10項目（(1)健康な心と体 (2)自立心 (3)協同性 (4)道徳性・規範意識の芽生え (5)社会生活との関わり (6)思考力の芽生え (7)自然との関わり・生命尊重 (8)数量や図形，標識や文字などへの関心・感覚 (9)言葉による伝え合い (10)豊かな感性と表現）の「資質・能力」が示されている．

「道徳性・規範意識の芽生え」には，「してよいことと悪いことがわかる」「きまりをつくったり，守ったりする」という「資質・能力」が示され，「数量や図形，標識や文字などへの関心・感覚」には，「標識や文字の役割に気付く」「活用する」など，教科的な内容が加えられた．これらは，幼児期の子どもの発達にふさわしい課題とは思えない．障害のある幼児が通う幼稚部であるということも考慮されていない．こうした教育要領を現場に持ち込めば，子どもの発達段階を全く考慮しない教育が行われることになりかねない．

②「各教科」の「目標及び内容」を細かく規定

「知的障害者である児童（生徒）に対する教育を行う特別支援学校」の「目標及び内容」は，小学部では3段階，中学部では2段階に分けられ，すべての教科の目標・内容に国が求める「資質・能力」を非常に細かく規定している．

例えば，現行の小学部の「国語」の目標・内容は**別掲1**の通りである．改訂学習指導要領では「各教科」の全段階にわたる「目標」を示した後に，1～3段階それぞれの「目標」を示し，さらに「内容」を細かく規定している．小学部「国語」では，〔知識及び技能〕と〔思考力，判断力，表現力等〕の二つに分けて「内容」を示しているが，〔思考力，判断力，表現力等〕の内容は，「A 聞くこと・話すこと」「B 書くこと」「C 読むこと」にさらに細分化して「内容」を示している．例えば，1段階の「C 読むこと」の「内容」だけで，**別掲2**のようになる．「目標」「内容」は，「国語」だけで，7ページにわたる．あまりに細かく規定されすぎて，地域や学校の特徴を生かした教育活動が制限されかねない．現場の教職員集団の豊かな発想から生まれる授業も，非常にやりにくくなってしまうのではないか．

また，現行学習指導要領と比べて，各教科の「内容」から「～を楽しむ」「楽しく～する」という表記が減り，「～できるようにする」という表記が増えていることも気がかりな点である．すでに「『楽しむ』は目標にならない」という「指導」が各地で行われていると聞くが，目標のたて方や評価の仕方に，これまで以上に「具体的な目標を」「実現可能な目標を」「客観的な評価を」「数

別掲1

1　目標
　日常生活に必要な国語を理解し，伝え合う力を養うとともに，それらを表現する能力と態度を育てる．
2　内容
○1段階
　(1) 教師の話を聞いたり，絵本などを読んでもらったりする．
　(2) 教師などの話し掛けに応じ，表情，身振り，音声や簡単な言葉で表現する．
　(3) 教師と一緒に絵本などを楽しむ．
　(4) いろいろな筆記用具を使って書くことに親しむ．
○2段階
　(1) 教師や友達などの話し言葉に慣れ，簡単な説明や話し掛けが分かる．
　(2) 見聞きしたことなどを簡単な言葉で話す．
　(3) 文字などに関心をもち，読もうとする．
　(4) 文字を書くことに興味をもつ．
○3段階
　(1) 身近な人の話を聞いて，内容のあらましが分かる．
　(2) 見聞きしたことなどのあらましや自分の気持ちなどを教師や友達と話す．
　(3) 簡単な語句や短い文などを正しく読む．
　(4) 簡単な語句や短い文を平仮名などで書く．

別掲2

C　読むこと
読むことに関する次の事項を身に付けることができるよう指導する．
ア 教師と一緒に絵本などを見て，登場するものや動作などを思い浮かべること．
イ 教師と一緒に絵本などを見て，時間の経過などの大体を捉えること．
ウ 日常生活でよく使われている表示などの特徴に気付き，読もうとしたり，表された意味に応じた行動をしたりすること．
エ 絵本などを見て，好きな場面を伝えたり，言葉などを模倣したりすること．

値で記載を」というような管理的な指導が強まる危険性も考えられる．

　また，改訂にいたる過程ではさかんに使われていた「アクティブ・ラーニング」という言葉自体は用いられなかったが，小・中学校学習指導要領と同様に「主体的・対話的で深い学びの実現」という表現で授業改善項目を示し，学習方法を指定している．さらに各学校には，「カリキュラム・マネジメント」の確立を求め，その中で，実態把握，教育課程の設定，実施状況の評価と改善策，体制の確保などを行うこととされている．

　このような画一的な規定は，教育現場にふさわしいものとは思えない．成長・発達の主体である子どもたちには，それぞれの成長の仕方があり，発達の過程がある．つけたい力は，本来，周りが決めるのではなく，その子自身の内面から要求として出てくるものであろう．多様な子どもたちが学ぶ特別支援学校に，このように細かく育成すべき「資質・能力」を国が一方的に示し，指導方法，評価まで統制しようとすることは，子どもたちの豊かな成長には決してつながらない．

（3）キャリア教育の強調

　改訂学習指導要領では，「総則」の中に「児童又は生徒が，学ぶことと自己の将来とのつながりを見通しながら，社会的・職業的自立に向けて必要な基盤となる資質・能力を身に付けていくことができるよう，特別活動を要としつつ各教科等の特質に応じて，キャリア教育の充実を図ること」と記されている．先に出された中教審の「答申」では，幼稚部，小学部段階から「学校や社会の中で自分の役割を果たしながら，自分の生き方を実現していく過程であるキャリア発達を促すキャリア教育の視点」が強調されて，「特別支援学校高等部の卒業生の一般企業等への就労が年々増加している状況を踏まえ」「一人一人のキャリア発達を確実に促す」ことが明示された．

　一方，現場では，一般就労を強調した「キャリア教育」が推し進められている．「職業検定」が各学校でさかんに行われるようになり，その弊害が報告されている．一般就労を増やすことを目的とした教育課程の「複線化」も疑問視されている．改訂学習指導要領が具体化されていく過程で，今後，こうした「職業検定」や教育課程の「複線化」の押しつけがいっそう広がっていくことや，幼稚部，小学部段階から，その時期にふさわしい教育の課題ではなく，一般就労を増やすという目的だけのために，現実の社会に適応する能力や態度の育成が強調されることが予想される．教科等の目標と内容が細分化されたことと合わせて，教育課程や指導内容の硬直化が危惧される．

（4）小・中学校の改訂学習指導要領にともなう外国語教育の変化と道徳教育の強調

　「外国語活動」については，「視覚障害者，聴覚障害者，肢体不自由者又は病弱者である児童に対

する教育を行う特別支援学校」の小学部において，小学校学習指導要領に示すものに準ずるとしている．また，知的障害の場合には「外国語活動」を設けることができるとしている．2018年度からの移行措置で，小3以上に年間15時間の「外国語活動」が加わり，本格実施の2020年度からは3～4年で週1時間，5～6年では週2時間の「外国語科」が始まる．それにともない，特別支援学校の「準ずる」教育課程や特別支援学級でも「外国語」の時間設定が求められる．しかし，安易に「外国語」や「外国語活動」を導入することは，コミュニケーションに課題のある子どもたちの言語の獲得に混乱をもたらしかねない．

　また，週時数の増加も懸念される．現在でも時数が増加傾向にあり，下校時間の変更，長期休業日の短縮，土曜授業などが行われているが，「外国語」の時間の上積みによる時数増は，子どもたちの身体的，精神的負担増につながり，健康を害することにすらなりかねない．さらに，教職員の多忙化に拍車をかけることにもなる．

　道徳教育についても，小・中学校学習指導要領と同様に前文を新たに設け，「我が国と郷土を愛する」態度を養うことを目標に掲げ，「総則」で示した道徳教育の内容の実現を求めている．小中学部の改訂学習指導要領の「特別の教科　道徳」の表記は，現行の「道徳」とほぼ同じ記述であるが，「特別の教科　道徳」として明文化されたことで，特別支援学校や特別支援学級でも，それぞれの学校や子どもたちの課題を無視した「道徳科」の授業が押しつけられる危険性がある．

　特別支援学校や特別支援学級では，日々の生活の中に社会道徳的な課題があり，現場の教職員は子どもたちの実態に合わせて指導している．社会性の発達を無視して「よい」「悪い」を教え込もうとしても子どもたちには伝わらない，ということは多くの教職員が実感していることであろう．特別支援学校や特別支援学級の子どもたちには自己肯定感を高めていくことが課題となる子が多い．そうした子どもたちが，改訂学習指導要領で強調されたように「いい子」でいることや「はみ出さないこと」が求められれば，子どもたちの心はますます萎縮していくのではないだろうか．

　また，今，国が様々な分野で進めている「自助・共助」を第一にした政策と，今回の改訂学習指導要領の方向性を合わせてみると，学校段階から「まず自分で」ということが子どもたちにすりこまれていくことが危惧される．小中学部の「特別の教科　道徳」の項にも「児童又は生徒の障害による学習上又は生活上の困難を改善・克服して，強く生きようとする意欲を高め，明るい生活態度を養うとともに，健全な人生観の育成を図る必要がある」という記述があるが，障害に起因する様々な困難も「まず自分で解決すべき」「明るく乗り越えるべき」というように思い込まされてしまうのではないか．本来は個々の障害を補うための手立てを担うべきである国がその責任を果たさないまま，いつのまにか個人の「自己責任」にすり替えられてしまうのではないか．個々の考え方や価値観までもが統制され，人格支配になりかねないことに道徳教育が利用される危険性が含まれている．

（5）小中学校における特別支援教育の規定

　前述したように，小・中学校の改訂学習指導要領には，それぞれの総則に「特別な配慮を必要とする児童（生徒）などへの指導」の項を設けている．そして，特別支援学級においては，「自立活動を取り入れること」（通級による指導においては「自立活動の内容を参考にすること」），特別支援学級に在籍する児童（生徒）や通級による指導を受ける児童（生徒）については「個別の指導計画を作成し，効果的に活用する」と示されている．

　特別支援学級では，すでに「個別の指導計画」の作成を求められている地域もある．校内での協力体制や他機関との連携ができている所もあるが，対応が担任任せになっている所も少なくない．「自立活動」が取り入れられていても，「何をすればいいのかわからない」という声も聞く．「自立活動はとりあえずSST（ソーシャルスキルトレーニング）をやればいい」というような指導

もあるという．学習指導要領の目的を達成するための「個別の指導計画」が強制されれば，そうした短絡的な指導が広がったり，計画の「目標が達成できた，できない」だけで判断したりするような画一的な指導につながるおそれがある．

また，小・中学校改訂学習指導要領の道徳以外のすべての教科の「指導計画の作成と内容の取扱い」において，「障害のある児童（生徒）などについては，学習活動を行う場合に生じる困難さに応じた指導内容や指導方法の工夫を計画的，組織的に行うこと」と示しているが，改訂によって学習内容がさらに増える中，担任の工夫だけで対応することには無理がある．十分な配慮を行うためには，学習内容の精選とともに，少人数学級の実現，教職員の定数改善，専門性をもった支援教職員の配置など，必要な条件整備が不可欠である．

（6）「学びの連続性」の下で

文科省は，今回の改訂で「学びの連続性」をキーワードにしている．ここまで指摘してきたような改訂の特徴も，改訂のポイントにあるように「障害のある子供たちの学びの場の柔軟な選択を踏まえ，幼稚園，小・中・高等学校の教育課程との連続性を重視」した結果である．例えば，小中学部の「各教科」の「目標」は，小・中学校の目標レベルを下げて目標にしているようにも読み取れる．音楽の歌唱教材が最も顕著で，小学校1，2年の教材が小学部の第3段階に，3，4年の教材が中学部の第1段階に，5，6年の教材が中学部の第2段階に示されている．「学びの連続性」の名の下に，通常教育の教育課程が横滑りしてくることは，「障害児教育の蓄積を掘り崩す」（河合），「子どもの実態に基づく実践をゆがめることにつながりかねない」（荒川）など，多くの疑問がもたれている．

 教育課程の編成権は各学校に

文科省HPによれば，そもそも学習指導要領は，「全国のどの地域で教育を受けても，一定の水準の教育を受けられるようにするため，学校教育法等に基づき，各学校で教育課程（カリキュラム）を編成する際の基準」<http://www.mext.go.jp/a_menu/shotou/new-cs/idea/1304372.htm>で，それぞれの教科等の目標や大まかな教育内容を定めているものである．改訂学習指要領でも，「学習指導要領とは，（中略）教育課程の基準を大綱的に定めるもの」「学習指導要領が果たす役割の一つは，公の性質を有する学校における教育水準を全国的に確保すること」「各学校がその特色を生かして創意工夫を重ね，（中略）児童又は生徒や地域の現状や課題を捉え，家庭や地域社会と協力して，学習指導要領を踏まえた教育活動の更なる充実を図っていくことも重要である」としている．学習指導要領はあくまでも大綱であり，教育課程を編成するのは各学校なのである．

障害児教育の現場では「学校にあてはめるのではなく，子どもに合った学校や学級をつくろう」という視点で，学校づくりや学級づくりをすすめてきた．そのことと，今回の改訂に見られるような国が求める「資質・能力」を一方的に押しつける教育とは相容れない．「こんな授業がしたい」という教職員の思いともかけ離れている．私たちには，改めて子どもたちの願い，教職員の願いを実現できる教育課程づくりにとりくむこと，それを可能にする民主的な職場づくりに努力することが求められている．子どもたちや教職員にやるべきことを押しつけておきながら，国は必要な条件整備をしようとしない．現場の学校不足・教室不足，人手不足，予算不足は深刻である．自主的な教育課程づくりとともに，条件整備を求める声を広げ，改善させていくことも大切な課題である．

参考資料

全教（2017）徹底批判　改訂学習指導要領　職場討議資料．

荒川智（2017）教育のつどい2017　障害児教育分科会基調報告．

河合隆平（2018）改訂学習指導要領がさし示すインクルーシブ教育．クレスコ，2月号．

【報告】特別支援学校の訪問教育の実践

関係者の支えあいの中で育つAくん
在宅重症児のニーズに応える関係機関との連携

和歌山県・特別支援学校教員　南　有紀

はじめに

本稿は2016年度まで訪問教育の担任として関わってきた事例を報告する。訪問教育では、施設内・病院内・在宅のいずれに訪問する場合においても、対象となる重症児のニーズに応じた医療や福祉等の関係機関との連携のあり方が課題となる。しかしながら、個々の事例によって必要となる連携のあり方が異なるため、対象児のニーズに対応する具体的な課題の共有を図りにくい面がある。また、医療・福祉・教育・家庭の連携が重要であることは自明のことであるものの、私は訪問教育の担任として、医療や福祉と教育は、基本となる科学が異なり、重症児への対応としてそれぞれで重視する事項が必ずしも同じではないことを日々実感してきた。そのため、教育・医療・福祉がそれぞれの専門性を活かしつつ、対象となる重症児の発達を保障するための連携のあり方を絶えず追究しなければならないと考える。これらを念頭に報告し、医療や福祉等とは異なる教育の専門性は何かについても検討したい。

1　Aくんのプロフィール

Aくん　現小6男子　在宅訪問生
（小3進級時に転居による転校。私は3年生から5年生まで担任）

みなみ　ゆき
和歌山県立紀北支援学校愛徳分教室教諭

Aくんは溺水事故による低酸素脳症であり、人工呼吸器によって呼吸管理（自発呼吸はない）されている。全身の緊張が強く、自分の意思で動かすことが可能なのは舌と眼球のみで、四肢末梢の変形拘縮が進んでいる。健康状態は比較的安定しているものの、体調が崩れると呼吸状態が不安定になり、心拍が一気に上昇する。また、ダンピング症状で、注入速度を速めると急激に心拍が上昇して呼吸状態が悪くなることがあり、1回の注入に2時間以上かけている。

サービス利用の状況と生活は表1の通りである。

私が授業で大切にしてきたことは、次の3点である。
①話しかけに対し、顔やからだの動きがあれば返事として受けとめ、ことばで返していく。
②できるだけ選択場面を作り、口の動きを中心にサインを待つ。
③ふれるときは必ず予告する。

2　Aくんの歩み

（1）舌の動きでやりとりを始めた3年生

Aくんは小3進級時に転居により転入した。転入当初、私はAくんがどのように外界をとらえているのか把握できなかったものの、前籍校から「話しかけに口唇・舌をわずかに動かす様子が見られる」と引き継ぎ受けていたため、話しかけに対し舌や口唇を動かしたときに「お返事だね」と意味づけてきたところ、明確な舌の動きが見ら

表1　一週間の予定

	月	火	水	木	金
午前	ホームヘルプ 訪問教育 訪問PT	入浴サービス	ホームヘルプ	ホームヘルプ 訪問教育	入浴サービス
午後		訪問教育			
	ホームヘルプ				

ほかに月7日程度ショートステイ．月1回主治医訪問診療．
＊医療・福祉のサービスは全て一法人の事業を利用している

表2　授業の流れ

活　動	内　　　容
健康観察	バイタルチェック　聞き取り
はじめの会	スイッチで進行
手あそび・歌	からだにふれる ギターで歌い聞かせ
今日の活動	制作　調理　お話あそびなど
運動	四肢・体幹の緊張緩和を図る
終わりの会	ふりかえり

れるようになってきた．

5月のある日，フェルトの数字を貼ったカレンダーボードを目の前に提示すると，突然目を大きく開けて，舌を繰り返し突き出した．みると，フェルトの数字が一つはずれて，Aくんの胸の上に落ちている．音もなく突然消えたフェルトの数字にびっくりして，大慌でそのことを伝えようとしてくれたようだった．「数字が落ちたの，びっくりした？」「先生に落ちたよって教えてくれた？」と聞くとまた繰り返し舌を動かした．6月には初めの会のあいさつや呼名に対し，しっかり舌を突き出すようになった．「そのお返事よくわかるね」と言うと，"ここ一番"の返事には，舌をしっかり突き出すことが増えてきた．

見えていることがわかって以来，積極的に教材を目の前に提示し，選択する機会を設定してきた．絵の具の色や絵本の選択，使う道具を決める場面等で選択肢ふたつを目の前に提示して，指さしで「こっちにする？」とことばかけし，舌の動きが見られた方を選んだと受けとめ，「こっちにするんだね」と結果を返すようにした．

学年の七夕会に向けて，短冊に書く願いごとをお母さんと3人で相談したところ，お母さんが「元気に過ごせますように」という願いごとを提案してくれたが，Aくんは突然全身に力を入れて，舌を繰り返し突き出し，担任の方にぐっと眼球を動かした．「どうしたの？　他の願いごとがいいの？」その様子を見て尋ね，「いろいろなことを体験したい，はどう？」と聞くと一度しっかり舌を突き出した．自分の願いごとを勝手に決めようとした私とお母さんに腹を立て，「ちょっと待ってよ．ぼくの話を聞いてよ」と伝えてくれたのだとお母さんと話し合った．

2学期から，手を使う活動時にベッドガードにアームをつけてタブレット端末で手元を映して見せるようにした．運動会に向けてひもを引っ張ってリンゴを落とす練習の時に使ってみたところ，目の前のタブレットに視線を向けながら，ひもを持つ手に力を入れた．これまでは上肢を動かすために「さわるよ」と予告しても，緊張で全身に力が入ってしまっていたが，この時は腕や身体に力を入れずにひもをかけた手に力を入れていた．それまで四肢を自分でコントロールすることは難しいと思っていたが，見えることで活動がわかって自分で力をコントロールできるという可能性が見えた．その後は「タブレットで手元，映す？」と聞くと，舌を突き出して返事するようになった．鈴を手に持ち歌いかけられると，手元の映像をタブレットで中継して見ながら自分で左手首を動かし鈴を鳴らし始めた．また，クリップのついた持ち手を持たせて両面テープの剥離紙をはがすために「引っ張ってね」と声をかけると，手を動かすようになってきた．

10月の予定を説明し，行事で学校の友だちに会える機会があることを伝えると，大きく目を開いて舌を繰り返し動かした．「楽しみだね」「早く行きたいね」と読み取って返すと，また返事をするように舌を突き出した．

（2）大小や「終わり」がわかり始めた4年生

5月から左手にハンドルを持ち，相手とティッシュを引っ張り合って，ちぎれたティッシュが大

きい方が勝ちという「ティッシュ相撲」を始めた．ちぎれたティッシュを目の前に提示して，「こっちが大きいね．こっちはAくんのティッシュだから，Aくんの勝ちだね」と声かけして勝敗を告げていたが，6月の下旬，ひょっとしたら，と思ってちぎれたティッシュを見せて「大きいのはどっち？」と聞くと，大きい方に眼球をぐいっと動かした．「こっちでいいの？」と聞くと，舌をはっきり動かした．「そうだね，こっちが大きいね」さらに「この，大きい方は先生のだよ．じゃあ，勝ったのは先生かな？Aくんかな？」と聞くと，「先生」のところで舌を動かし，そして視線を私からそらした．「Aくん，負けちゃったねえ．悔しいの？」と聞くと，また舌を突き出した．その後Aくんは，月に1回訪問してくれる学校のPT（理学療法士）の先生に勝負を挑んだ．逆に担任とはあまりやりたがらなくなった．Aくんの中に，対の世界がはっきりつくられていることがわかってきた．

11月，発表会の練習で，通学生の演奏の映像を見ながらキーボードを鳴らす練習をくり返し行った．3回目の練習の時，映像の中の先生の「ワン・ツー・スリー」という合図に，こちらに視線を向けてから手に力を入れてけん盤を押し，楽器の鳴らし終わりのところで手の力を緩めた．「Aくん，どこでキーボード弾くか，わかったの？」と聞くと，舌を突き出して返事した．

12月は毎年陶芸をする．陶芸用の粘土はあらかじめ温めておく．「去年はお皿を作ったけど，今年は何を作る？」と聞いたところ，いろいろあげた中で，茶碗で舌を動かした．大人ふたりがかりでAくんの手を支えながら，紐状に伸ばした粘土を1段1段積み上げていった．「これでいいかな？」とAくんに聞くと返事をしない．「まだ，のっけるの？」と聞くと舌を動かした．さらに2段積んだところで，「これでどう？」と聞くとはっきり舌を動かした．自分で制作の終わりを決めた．

1月は書き初め競書会に参加．3年生では紙の上で筆を動かすことが目的で字を書くことにはな らなかったが，「今年も自分で手を動かして，紙に筆で墨をつける？　それとも先生がお手伝いして字を書く？」と聞くと「字を書く」で舌をしっかり突き出した．Aくんが字を書きたいと意思表示するのは，これまで自分の名前を書くときのみだったが，そのときはクレヨンやマジックを使っていた．相談して，「一」を書くことに．初めに手を添えて「一」を書かせ，2枚目はこちらが手を支えて，Aくんが自分で筆を動かそうとする動きが見られたら，紙を少しずつ動かすようにした．そして3枚目も．できあがった作品を見せてどれを出品するか聞いたところ，2枚目の自分が「書いた」作品を選んだ．

（3）自分で活動を選び伝えるようになった5年生

学習発表会に向けて「365日の紙飛行機」に取り組んだ．発表会では歌にあわせて鈴を鳴らし，最後に紙飛行機を飛ばすことが子どもたちの活動である．この曲を歌い聞かせたところ，2回目で歌うように舌を動かし始めた．そして，通学生の映像を見ながら練習開始．ところが，肝心の鈴は鳴らさず，ずっと舌を動かし続ける．「歌わなくていいんだよ．先生が合図したら鈴を鳴らしてよ」と言ってもやはり舌を動かし続ける．「歌いたいの？」と聞くとしっかり舌を突き出す．そこで，「じゃあ，鈴鳴らすのやめて，歌う？」と聞くと返事をしない．「鈴も，歌も，どっちもやるの？」というと舌をねじらんばかりに突き出す．「でも，歌いながら鈴を鳴らすのは難しいよね」と聞くとしばらくじっと考えるように舌も視線も止まり，その後，「はい」と答えるように舌を突き出した．「じゃあ，歌のところは歌って，間奏のところで先生が合図したら鈴を鳴らそうか」というと，納得したようにまた舌をつき出した．そして練習するうちに合図を聞いて鈴を鳴らすようになったばかりか，歌いながら鈴を鳴らす場面も見られるようになった．そして，曲の始まりを聞いて舌を動かし，曲の終わりに舌の動きも鈴を鳴らす手も止めていた．

3 　今後のＡくんの教育実践上の課題

　担任して徐々にＡくんのことがわかり始めたころは，選択を視線で伝えたり，あいさつを返そうとしたり，自分の動かせるところを使って応答的なやりとりをしようとする姿を見せてくれていた．1歳前半の一次元をたくさんつくろうとしている発達の姿であると，このときは考えていた．

　その後のＡくんは，自分で体を動かし，活動にあわせて身体をコントロールしようとするなど，自我が芽生え拡大しつつある姿も見せてくれるようになった．また，物語のイメージを持って絵本を楽しんで，繰り返しその物語を楽しむことも見られるようになってきた．さらに4年生になると「大一小」比較が言葉と結びついて確立し，勝敗などの対の世界を自分の中に取り込んでいる．また，「自分で」がたくさんあふれ，そればかりでなく，見通しを持って自分で折り合いをつけ，終わりを決めることができるようになってきた．これは二次元の世界にたどり着き，自我を充実させている時期だと言える．さらには，5年生で「歌いながら鈴を鳴らす」という2つの活動をひとつにまとめ上げる「〜しながら〜する」という力を獲得しつつある．

　このように，Ａくんは自分の持っている力を発揮して，どんどん外界にはたらきかけ，自分の世界を広げようとしている姿を見せてくれた．満1歳ちょうどで受傷したＡくんが，限りある機能を精一杯使って，幼児期の発達にたどりついた．Ａくんは，自我が育ち，人との関係，ものとの関係を自分で把握し，整理をつけていく幼児期の発達段階にいると思われる．活動を見通し，言葉で自分の世界を広げ生活の主人公になっていく段階に入っている．彼の機能面の制限から，その発達要求を実現させるには難しい面が多い．それに見合った活動を訪問教育の中で用意できるかが教育実践上の大きな課題である．

4 　Ａくんの発達を支えるもの
——やりとりの手立てと自分の手を知ること

　このようなＡくんの育ちは，日々の授業でＡくんの舌の動きや視線を意味づけて言葉で返していく積み上げが彼の中で蓄積し，「こうすればわかってもらえる！」と，やりとりができることをＡくん自身が実感してきたと考えられる．Ａくんは舌の動きでまわりの人が自分の言いたいことを受けとめてくれると感じ取り，視線を動かすことで選択を伝えることができるとわかったのだろう．自分の伝えたいことを伝える手立てとして，舌の動きや視線を使い始めたのである．やりとりの経験がやりとりを成立させる手立ての獲得につながったといえよう．

　また，3年生の2学期から手元を見ながら活動できるようになったことは，発達を飛躍させることにつながったのではないだろうか．自分の手が何をしているか目で確かめられることは，活動の意味や結果を知ることになる．「自分でする」体験を日々積み重ねているといえる．

　このような自我が拡大，充実していく様子は，やりとりの手立てを得て，Ａくんが自分の力を発揮し始めた姿である．これは，Ａくんが新たに獲得したと力というよりは，Ａくんの内面に寄りそうことを大切にしてきたことで，これまでなかなか発揮できかったことを，まわりの人にわかるようにあらわしてくれるようになったと思われる．

　重症児の発達をとらえることはとても難しい．機能面の制限が強く，発達のあらわれがきわめて見えにくい．しかし，これまで出会った子どもたちから，障害が重くとも懸命に自分の力を発揮して，外界に，人に関わろうとする子どもたちの姿から，その力のあらわれを，発達を遂げる姿としてきちんと受けとめることが，彼らと関わる私たちの大きな役目であると学んだ．どんなに障害が重くとも発達の筋道は同じ，という発達保障の理論をＡくんの姿から，あらためて学び直してい

る．
　そのようなAくんにふさわしい活動を探っていかなければならない．授業の中で大事にすることは出会った頃から変わっていないものの，Aくんにふさわしい活動を，彼の興味や生活年齢を考えながら探っていくことが重要である．Aくんの身体機能はきわめて強い制限があるが，そこを補うツールとして，意思伝達機器等のスイッチやタブレット端末など使えるものは活用していくことも大きな意味がある．

　複数訪問で初めて会う先生にも視線を向け，言葉かけにいっぱい舌を動かして応える姿に「Aくんとおしゃべりできてよかったよ」と言ってもらえた．自分に関わってくれようとしてくれる人に，自分からも関わろうとしている姿である．一方で3歳後半〜4歳の発達にさしかかったと考えられるAくんには，本来，子ども集団が必要である．訪問教育ではどうしても日常的に友だちを用意できない．Aくんは友だちを意識し，行事参加を心待ちにしているほか，作品のみの参加になっても学年集会の様子を知りたがったり，通学生の授業の様子を映像で見たいという．彼に集団を，という願いをどのように実現できるかを模索していかなければならない．

5　Aくんをとりまく人たち
——進めてきた連携を振り返る

　家族は，医療・福祉のサービスを利用して，安心して家庭でAくんと過ごしている．医療と福祉の全面的なサポートは，彼の在宅生活になくてはならないものである．それでは，教育は医療や福祉とどのように連携するのか，また教育の果たす役割は何であろうか．

　Aくんのサービス利用の状況（表1）は，家庭の希望を相談員が支援計画として具体化したものである．地域支援コーディネーターや相談員それぞれと教員が直接顔を合わせる機会は年1回程度であるが，顔が見える関係をつくることによって，家庭で何か問題が起きた際に，「○○さんに電話してみたら」と提案することができている．学校，医療，福祉という関係機関が顔をそろえてAくんの支援について意見交換するという機会を持つシステムは作られていないが，家庭でのケアに携わっている介護福祉士と看護師は，日常的に顔を合わせる機会があり，その折に教育内容やAくんの様子を伝えるようにしている．また，体調の変化などを伝えあうことも大事にしている．主治医とは授業と訪問診療が重なったときやショートステイ中の診察時に情報交換してきた．

　一方で福祉事業所の職員は，Aくんの授業に興味を持ってくださっていることが多い．医師，看護師，介護福祉士は，どんな授業をしているのかよく聞いてくださる．また，ショートステイ中の授業の様子を見てくださったり，逆に授業の妨げにならないようにケアの時間をずらしたり，「勉強中にごめんね」とAくんに声をかけてくれるなど，Aくんへの配慮を怠らない方々によってAくんの授業をスムーズに進めさせていただいている．このようなAくんへの理解はどこから来るのだろうか．

　Aくんを担任した当初は眠っているか目覚めているのかもわからず，事業所職員から「眠っているときは，唾液の分泌が減って口が渇いてしまうけれど，起きると分泌物が増える」等，情報をいただいてようやく対応できる状況だった．家族だけでなく関わる方々からできるだけ情報をもらいたいと思い，出会うたびに体調面や生活リズムなどを細かく聞かせていただいた．その積み重ねが，関わる他職種の方々との関係づくりにつながったと考えている．

　一方で，Aくんと私がやりとりする様子を事業所職員に見ていただくと，「Aくんは，起きているときによく舌を動かしてるよね」と共感してくれることがあった．また，「Aくんは，いろいろなことをわかっているよね」と言ってくれることもあった．そのようにAくん自身が発信する姿を情報交換してきた．また，Aくんの授業について尋ねられると，授業で大切にしていることやAくんのがんばりを具体的に伝えさせていた

だいた．その際，できるだけAくんの様子を発達的にとらえて伝えるようにつとめてきた．それらの積み重ねが徐々にAくんへの関わりに反映されてきたのではないかと考えている．そのような情報交換で，Aくんに関わる方々が教育に関心を持ち，教育を大切だと考えてくれていると思われる．

訪問PT（理学療法士）と一緒に授業させていただいた際，日頃と違う姿勢に不安を抱いたのかAくんはPTの方にぐっと視線を向けて盛んに舌をつきだしていた．PTは「この姿勢，初めてだからね．おこってるの？　でもちょっと我慢してよ」と声をかけていた．授業で見せているようなやりとりを，担任以外ともこのようにやりとりしているのだと思うと，関わる方々にAくんのがんばりを伝えることが，Aくん自身の力を発揮する場を広げていくことにつながるのだと実感した．

先に述べた陶芸の授業の時，見守りに入っていた介護福祉士にカメラを渡して写真撮影をしていただいたことがある．私と学校PTのふたりでAくんに関わることに必死で，どこで撮影してほしいと伝える余裕もなかったが，授業後写真を見ると，Aくんが粘土を持つ指先や，手元や作品にしっかり視線を向けている様子など，Aくんが作品作りに主体的に関わっているとわかる場面を的確に捉えてシャッターを押してくださっていた．

一方で医療や福祉の方にとって，Aくんは「きわめて重い障害のある人」である．ケアやサポートをするうえで，時には年齢が意識されない場面も見られる．しかし，学校教育はAくんの生活年齢を大切にしている．Aくんが子ども時代を子どもらしく過ごすうえで，学校が果たす役割は大きいのではないかと考えている．

おわりに

Aくんにとって学校は，社会の窓口であり，友だちのいる場所であり，Aくん自身が育つ場所である．学ぶ場が「訪問」でも，ほかの子どもたちと同じように「大きくなりたい」「いろいろなことができるようになりたい」というねがいを持つ存在としてAくんを受けとめ，共に過ごすことが，私たちの一つの役割である．

南実践に学ぶ

実践に学ぶ

発達的理解が「じっくりとした取り組み」を生む

日本福祉大学
髙木 尚

　本報告は訪問教育の実践報告である．訪問教育は，施設・病院・家庭に教員が出向いて授業を行う教育形態であるが，多くの場合教員一人で訪問することや子どもの学習環境に制約があるなど特別の困難を抱えている分野であるため，優れた実践に学ぶことが大変重要である．本報告は，(1) Aくんの成長発達の経過と南さんの関わり，(2) Aくんを支援する様々な人々との南さんの関わり，の2部で構成されている．

エピソードと発達的理解

　(1)は前半にAくんとの関りにおける重要なエピソードが報告され，後半にAくんに対する南さんの発達的理解が述べられている．Aくんは，人工呼吸器を装着し，自分の意思で動かすことができるのは舌と眼球．四肢抹消の変形拘縮が進んでいる．健康状態は比較的安定しているが，不調時は心拍の上昇やダンピング症状がみられるなど，身体的にたいへん重い障害がある．

　3年生では「明確な舌の動きが見られてきたこと」「noの意思表示をした七夕」のエピソード．南さんは前籍校からの「話しかけに口唇・舌をわずかに動かす様子が見られる」引き継ぎを基に行動の意味付けながら関わることでyes―舌の動き―をAくんとともに確立した．また3ヵ月かけてnoが育ってきた．ここでは二人の関係（伝え合うことが可能とAくんが思える）の中で育ててきたことが重要と思われる．2学期からは手元をタブレットで映すことで，「見えることで活動が分かって自分で力をコントロールできる可能性」を見つけた．4年生では，勝負に負けて悔しいが先生が勝ったと，自分の意思や感情と区別して客観的事実の確認に舌の動きが使われだしたことが重要である．その力は「大―小がわかりはじめ，対の世界をつくりはじめたこと」「曲の中でキーボードを鳴らす」「制作の終わりを決めた」ことに繋がっていくと考えられる．5年生では，歌も楽器も「どっちもやりたいと活動を選び」「『歌い』ながら鈴を鳴ら」したり「曲が始まると『歌い』終わると『歌』も鈴も止める」活躍が綴られている．

　南さんはこのAくんの成長の過程を，「1歳前半の一次元をたくさんつくろうとしている姿」から「自分で体を動かし，活動に合わせてコントロールしようとするなど，自我が芽生え拡大しつつある姿」（3年生），「大―小比較」や「勝敗などの対の世界を自分の中に取り込む」「見通しを持って自分で折り合いをつけ，終わりを決める」「二次元の世界」（4年生），「2つの活動をひとつにまとめ上げる『～しながら～する』という力を獲得」（5年生）とまとめ，「満1歳ちょうどで受傷したAくんが，限りある機能を精一杯使って，幼児期の発達にたどり着いた」と評価している．

コミュニケーションと「見て行う活動」の積み重ね

　Aくんの成長を振り返りながら二つの点が特に重要であったとしている．一つはコミュニケーションについてである．舌の動きや視線を意味づけてことばで返す時期から，Aくんの中で自分の表現手段が確立していく成長である．意味づけ期における相互の関係は「意味づけて返しながら待つ」ことが大切といわれるが，「待てる」教員の力量が求められる．その上で「伝わった」と子どもに実感してもらうことが重要である．コミュニケーションは相互関係であるが，ある時期子どもの状況に合わせて教員が主導することが必要となる．ここをとらえてAくんに次の段階の関わりを主導していく南さんの慧眼はやはり，発達的理解に基づいているのだろうと思われる．

二つ目は「自分の手が何をしているのか目で確かめられることは、活動の意味や結果を知ることになる。『自分でする』体験を日々積み重ねているといえる」という分析である。見ることが難しい子どもには別の方法が考えられなくてはならないが、いずれにしても「活動の意味や結果を知る」ことが次の活動の意欲を生むことは自明であるから、このことに教員が心を砕く。「タブレットで手元を映す」というAくん独自の方法をとったことも成功のカギとなったと考えられる。

　現状のAくんへの理解がAくんに寄り添えば寄り添うほど、「3歳半～4歳の発達にさしかかったと考えられるAくんには、本来、子ども集団が必要である。訪問教育ではどうしても日常的に友だちを用意できない」という次の課題が見えてくる。ここにどう切り込んでいくか模索が続く。訪問教育は学校を背負って訪問しているといわれる。このように言われると担任へのプレッシャーは重くなるのであるが、半面、学校を背負っているなら「頼もしい組織としての学校」がバックに付いているということでもある。何らかの形で家庭と学校を繋ぐことができるなら、新しい道が開けてくるのではないだろうか。全国にそのような経験もありそうである。

発達を学ぶこと

　本報告は訪問教育に限らず通学している子どもとの関わりにも多くの示唆を与えてくれる。重い障害のある子どもとの関わりでは「じっくり取り組む」ということがいわれるが、簡単なことではない。私たちはとかく先を急ぎがちである。短期的な「成果」を求める圧力も強い。Aくんの成長過程は力を徐々にためつつ確実ではあるがゆっくりしたものだったであろう。報告の中の重要なエピソードの間にも何回もの授業・関わりの積み重ねがあるだろう。この間南さんは「じっくり」関わってきた。それを可能にしたのは、発達に関する知見と可能性への確信と考えられる。「障害が重くても懸命に自分の力を発揮して、外界に、人に関わろうとする子どもたちの姿から、その力のあらわれを、発達を遂げる姿としてきちんと受け止めることが、彼らと関わる私たちの大きな役目である」と力強く明言できる所以である。

　では、発達の知見やその見方を私たちはどうやって自分のものにしていけるのだろうか。例えば『教育と保育ための発達診断』（白石正久・白石恵理子編、全障研出版部）などの優れた書籍も通読しただけではなかなか自分のものにできない。筆者の経験から言えば、常に机上に置き辞書のように活用するのはどうだろう。日々の実践の中で「…？」というときに該当すると考えられる個所を参考にする。前後を含めて読み込めば、具体的な事例を基に発達を学ぶことができる。発達の学習は具体的な事例を理解しようとする日々の積み重ねの中で培われると考えられるのである。なお、訪問教育や肢体不自由校においては、身体面や健康面での課題も多い。『脳性麻痺の運動障害と支援』（北村晋一著、群青社）がお薦めである。

連携と教育の役割

　(2)は「5　Aくんをとりまく人たち」の中で整理されている。介護福祉士・看護師・医師・福祉事業所の職員・PTと多様な職種のいろいろな人がAくんと家庭の生活を支えている中で、体調の変化などの情報を交換しながら、南さんは「Aくんの様子を発達的にとらえて伝えるようつとめてきた」と述べている。また、やりとりの場面を直接見ていただくことにも取り組んでいる。保護者との話もそうなのであるが、ここでは、実践の中味そのものが問われているといえるだろう。連携の中での教育の役割はここにあるといえるのではないだろうか。それぞれの職種の方々の知見を受け止め参考（特に健康面の課題や身体的な点は専門職の知見や見方を十分に踏まえる必要がある）にしながら、子どもの発達の姿を伝えていくことは教育の独自の役割と考えられる。「Aくんのがんばりを伝えることが、Aくん自身の力を発揮する場を広げていくことにつながる」と考えられるからである。それは、横への豊かな発達を実現していく重要な視点と思われる。

【報告】教育の場でのヘアメイク教室

実践に学ぶ

"もうひとりの自分"に出会うヘアメイク教室

河村　あゆみ

「障害のある人もおしゃれが必要？　支援者の仕事が増えるからおしゃれはわがままでしょ」．

美容師である私は誰もが好きなときに好きなおしゃれをする環境があると思っていた．しかしこの言葉を聞いたときショックを受けると同時に，障害のある人のおしゃれの現状が気になりはじめた．おしゃれが必要かどうかは本人が決めることで，周りに決められることではないのでは…という疑問を抱いたのである．そんな疑問を言葉にしても，「おしゃれをしなくても生きていける」という声を聞くこともある．はたしてそうなのか．これが，障害のある人のヘアメイクやおしゃれを考えていこうとした美容師としての私の原点である．

思春期・青年期は，身体的・精神的に大きく変化し，「見られる自分」を互いに意識するようになる．友人同士でおしゃれやヘアメイクの情報を集め，試行錯誤しながら学んでいく時期でもあり，大人に変化していく自分を意識しておしゃれの幅を広げていく人も多い．しかし障害のある若者たちの中には同世代の人間関係の構築が困難な人も多いため，情報の共有も少なくなり「自分のこころと身体の変化」を受け入れられずに戸惑ったり，過剰に他人の視線が気になり，一人で悩みを抱え込んでしまう人もいる．変化する自分を意識しながら，自分つくりが課題となる大切な時期であるにもかかわらず，自信のなさから「どうせ自分は変わらない，変われない」と思い込み，基本的な洗髪や洗顔，身だしなみさえも構うことのないまま生活している人も多い．障害のある若者たちと接していると，「寝癖みっともないよ」「身だしなみを整えなさい」と周りから何度言われても，「どうしていいのかわからない」という本音が聞こえてくる．おそらく身だしなみにかんして嬉しい声かけをしてもらうことが少なかったのかもしれない．支援者からは「知的障害があって自分のことがわからないから…」と聞かされることも多いが，ヘアメイク教室に参加する彼らは周りの人から好意的な言葉が出てきたときにとても誇らしげな様子を見せてくれるのも事実である．

障害のある人を対象にヘアメイク教室を始めて約10年．参加者から「本当はメイクをやってみたかった」「色を自分で選ぶ楽しさを知った」「こういう自分も好き」「気持ちいい」という自分に対する肯定の言葉が多く聞かれるようになった．見た目だけでなく，気持ちの変化にもつながっているように思える．本人だけでなく周りの人の気持ちが変化していくことも体験的に感じている．

私が障害のある青年にかかわるようになったのは，障害者劇団に参加する若者たちに向けたヘアメイク教室がきっかけだった．この劇団では，岐阜市およびその近郊で生活する知的障害や自閉性障害のある若者30名が，演劇活動を通して愛と性をテーマに学んでいる．私はヘアメイクだけではなく，稽古や学習会等にも出席し，指導者や保護者とともに劇団運営にもかかわってきた．

ある学習会で数名の女性の仲間たちが学校時代に受けた辛いいじめ体験を涙ながらに発表したことがあった．本来なら友人関係が広がる時期に，

かわむら　あゆみ
美容師，岐阜大学障害学生支援コーディネーター

彼女らはそこで生じる楽しさを味わうことなく大人になり，今でもそれをクリアできず悩んでいる．彼女らの話を聞いたとき，思春期にこそ大切にしたい同年代の仲間との学びや経験がたくさんあるのではないかと感じた．そこで現在支援が必要な中学生はどのような状況なのかに関心を抱くようになり，岐阜県内の中学校の協力を得て，特別支援学級と相談室登校の生徒を対象にしたヘアメイク教室をする機会をいただいた．

本稿では，私としてははじめてである思春期＝中学生を対象としたヘアメイク教室の実践について報告したい．以下の記述にある実践Ⅰは2015年度秋に2回，実践Ⅱは2016年度秋に2回行ったものをまとめたものである．

1　中学校でのヘアメイク教室＝実践Ⅰ

ヘアメイク教室を単なるイベントに終わらせるのではなく，生徒の課題に合わせて行う条件を整えたいと思った私は，事前に普段の授業に参加し，担任や養護教諭から生徒の状況について聴き取り，生徒のさまざまな姿を少しだけ理解することができた．そこで今回のヘアメイク教室は，「現在思春期を生きる中学生たちはどのような思いで日々を過ごしているのだろうか」「いま彼らが求めていることは何か」「ヘアメイクという活動が彼らにとってどのような意味があるのだろうか」という課題意識を持って，「いのちの授業（性教育）」の枠のなかで行うことになった．

これまでのヘアメイク教室では，参加者の笑顔が増え楽しく盛り上がることが多かった．ところがこの実践では，生徒たちの抱える課題が複雑に絡み合っているためか，授業をスムーズに進めることは困難であった．したがって，彼らに合わせて内容や進め方を変更し，彼らの声にならない声を探りながら，私も生徒たちにとってもはじめて経験する実践となった．

本ヘアメイク教室の全体を通したテーマは「こんな自分もいいな〜仲間とともに素敵な自分を見つけよう〜」と決定した．参加者は支援学級10名・相談室登校3名の生徒たちであった．

以下の記述においては，いくつかの視点を立て，その視点にかかわる具体的な授業場面やそこでのやり取りを挿入しながら，さまざまな困難を抱える生徒がヘアメイク教室を通して「こんな自分もいいな」と思えること，すなわち"もうひとりの自分"に出会うことにはどのような意味があり，どのような人とのかかわりが必要なのかという視点から考察していきたい．

（1）安心して学ぶ――実践の導入において

初回のヘアメイク教室は生徒に安心感を持たせるために，馴染みのある教師がモデルになって生徒の前でヘアメイクを受け，「この日何をするのか」という見通しがもてるよう説明しながら進めた．朝出かける前の身支度について「寝癖をなおすのが大変」「顔を明るく見せたい」など教師の悩みや意見をみんなで共有することからはじめた．生徒からは「先生でも寝癖で困るんだ．僕と一緒やん」「ドライヤーやワックス使うのか．先生おとなやね」などと積極的な声があがった．ここではヘアメイクのモデルとなった教師だけでなく，見ている生徒の言葉からも緊張がほぐれた様子が伝わり，教室の雰囲気が和やかに変化していくことが感じられた．モデルとなった教師からの「見ているみんなも笑顔が増えたよ」という言葉は，周りの視線が気になる彼らにとって安心感を増す効果をもたらしたと思われる．

雰囲気が和やかになったところで，自分の肌や隣の人の肌に触れて，肌質にも違いがあることを確認した．自分の肌の状態を知ったところでコットンパックを自分で行うよう促した．はじめてのことに抵抗のある生徒には無理をさせないように配慮し，安心できる程度のコットンを顔につけパックをしてもらった．何人かの生徒の「気持ちいい〜」「眠くなる〜」の声に誘われて全員がパックをし終わり，一気にリラックスタイム．目を閉じて深呼吸をしたり，椅子に身体を預けたり，生徒たちはここちよさを身体全体で感じたようだ．

はじめに身近な教師が見本を見せてくれたこと

は，とりわけ男子生徒においては安心してヘアメイクに挑戦する姿につながったようだ．ヘアメイクは身だしなみを整える個人的な行為と思われがちだが，仲間とともに集団で学ぶヘアメイク教室は，周りを意識しながら変わっていく自分にドキドキしたり，仲間に憧れて自分も挑戦してみようという気持ちを生じさせる契機にもなる．こうして，ヘアメイクをする人・される人・周りで見ている人が豊かな時間を共有できる機会になると考え，導入時の基本は安心・リラックスという視点を大切にしている．

（2）変化する自分を受け入れる

　特別支援学級1年生のユウトくんは話をすることが大好きで，授業中も次々に自分の思いを発する学級のムードメーカーである．ユウトくんは，特別支援学級では伸び伸び過ごしているものの，交流学級から戻ってくると疲れた表情で「幼いっていつもからかわれる．なんでやろ～」と独り言のように呟いていた．今回のヘアメイク教室でも「僕は子どもっぽいのが悩みです．僕でも大人になれるかな？」と幼さを気にする言葉が発せられた．性教育の学習で「身体の変化」や「性ホルモン」についての学びを重ねても，なかなか「大人になりゆく自分」をイメージすることが困難なユウトくん．しかしみんなの前で髪にワックスをつけ髪型を整えると，周りの生徒たちから「ユウトくんでも変わるな～」「大人っぽい」と声をかけられ，まんざらでもない表情で鏡を見つめていた．「本当は自分がどう見られているか気になっていたけど，自分のことを聞くときってあんまりない．自分のことについて意見をもらえて嬉しかった」と，ユウトくんは少し照れながら感想を述べてくれた．終了後「大人の階段のぼる～♪♪」と口ずさみながら担任に「僕でも少しだけ大人になれた気がするな～」と嬉しそうに話した．大人になっていく自分を安心して再確認しているようだった．

　「自分が変化すること」を「どうせ無理」と諦めていたユウトくんを含めた男子生徒一人ひとりの様子から，仲間の言葉に支えながら自らが変化していくことをゆっくり受け入れている姿が見てとれた．授業の振り返りでは大人になる自分を感じながら新しい自分に前向きなメッセージを書いた生徒も多くみられた．仲間の言葉に支えられながら変化する自分を受け入れる，まさに集団で学ぶからこそできる体験であると思える．

（3）現在の自分と憧れに折り合いをつける

　「これからどんな髪型にしたいですか」という問いかけに，支援学級3年のヒロくんとカナくんは「坂本龍馬，真田幸村…」と答えた．なぜこの名前なのか？と私も教師も不思議に思った．私たちがイメージしていた歴史上の人物の髪型とは違い，アニメの世界の坂本龍馬の髪型はブルーに染めたかっこいいスタイルだった．それに彼らは憧れていたようだ．

　彼らはアニメの登場人物の髪型をまねようと友だち同士で何度も試行錯誤をしはじめた．しかし，自分でスタイリングすることはなかなか難しい．そのうちヒロくんはアニメの髪型をまねることには無理があるとわかり，部分的にまねをして折り合いをつけることにした．ヒロくんの様子から仲間と話し合いながら現実の自分と向かい合っているように感じられた．「どうせできない，変わらない」と思い込んだまま終わるのではなく，折り合いをつけながら憧れの自分を仲間とともに探る時間となったようだった．

　教師から「彼らは保護者や支援者の言われた通り日常生活を送っていることが多い．自己決定の小さな積み重ねの経験も選ぶための情報も少なく，自分で選んでいいという環境もほとんどない」と普段の様子を聞かされていた．私は，ここにも課題があると思った．そこで，雑誌を見せていろんな髪型があることを知り，自分で髪型を選んでワックスを使いスタイリングする取り組みを行うことにした．生徒たちは目を輝かせ，鏡に映る自分を見ながら，仲間と相談し合いスタイリングをしていた．授業のはじめは「どうせ変わらないからやらない」と消極的だったケイくんが，授

業が終わったあとの振り返りでは「次の地元のお祭りには自分で選んだ髪型で行ってみたい」と誇らしげにみんなの前で発表してくれた．参加した教師からは「彼が積極的にこんなことを言うなんてほんとに珍しい」という驚きの声も聞かれた．

2　女子生徒対象のヘアメイク教室＝実践Ⅱ

上記のように男子生徒においては戸惑いつつも積極的な参加を得られたが，女子生徒においては別の課題が見えてきた．とりわけ相談室登校の2名の女子生徒は，教師に促されながら渋々といった様子で取り組んでいた．

相談室登校3年のリサさんは授業が終わったあとの振り返りで「みんなの前でのヘアメイクは抵抗ある．私は底辺の人だからおしゃれの必要がない．私は目立ってはいけない存在なんです」と自分の存在を否定的に捉える発言をした．それでも，裏腹な感情，すなわち「やりたいけれどできない，できないけれどやりたい」という揺れるこころも見せていた．私は授業の前に担任の教師から「彼女は好きな雑誌を持ってきていて，憧れの人もいるみたい．今日の授業を楽しみにしていておしゃれが大好きなんですよ」と聞いていた．彼女たちの裏腹な感じが気になり，授業終了後個人的に話をすると，はじめはヘアメイクをしたい思いを素直に出せないようだったが，ゆっくり話をしているうちに「もっと少人数でやりたい」「髪型に困っている」という言葉が出てきた．学校でも居場所がなく家庭環境も複雑で，教師にも「彼女たちは寂しさを抱えている」と言われる彼女たちから「ゆっくりかかわってほしい」というメッセージをもらったような気がした．

そして他に気になる生徒がもう一人．転校してきて間もない特別支援学級1年のユイさんは，大きなマスクをしており，無表情で反応もほとんど見られない．何か彼女が興味を持つことはないかと探りながら授業を進めようとしたとき，ユイさんの爪が綺麗に整えられていたことを見つけた．「きれいな爪しているね」と声をかけると，ユイさんは小さくうなずき微笑んだ．担任からは「彼女は何を聞いても反応がなくどう接していいのかわからなく試行錯誤している」と事前に聞いていた．ところが相談室登校の先輩二人が彼女のペースに合わせて声かけをしてくれると，ユイさんもゆっくり取り組みはじめた．おしゃれに関することならユイさんもリラックスして授業ができるかもしれないと思えた．彼女たちの表情や語り，行動から次への課題も見えてきた．

2015年の授業では授業中もほとんど声を発することはなく，人前でヘアメイクをすることにも抵抗がある女子生徒もいたように感じられた．そこで，ゆったりと時間をとり彼女たちがリラックスできる安心した環境が必要であると考え，女子生徒だけの少人数のヘアメイク教室を提案し授業を計画した．

（1）こんな自分もいいな
　　──新しい自分に出会う

2016年の実践Ⅱでは，他者に対し緊張の強い女子生徒を対象に「他者に身をまかせても安心できる自分を感じよう」をねらいとし，「安心」「リラックス」「ここちよさ」「ふれあい」をポイントに進めた．支援学級2年生になったユイさん，相談室登校1年生リナさん，3年生ミナさんの3名が参加することになった．マスクを1年中つけている彼女たちはこの日もパックがはじまるぎりぎりまでマスクをしたまま授業がスタートした．

最初にペアになり相手の顔に温かいコットンでパックをして顔のマッサージを行った．ミナさんは小学生のころから教室に入ることが辛く不登校が続いたが，中学3年生になると進路のことを考えるようになり相談室に登校することが増えてきた．人前に出たり注目されることが苦手で「私はクラスにとって迷惑な存在なんです．いない方がいいんです」と微笑みながら言う．他人の目が過剰に気になり，真夏でもマスクをして長袖を着ている．しかし，物腰が柔らかく相談室の他の生徒からはとても慕われていて，優しいお姉さん的存在でもある．ミナさんが信頼している養護教諭か

らは「ミナさんは周りの人の顔色ばかり気にしている．普段から人に頼られることはあっても，気を使って人に頼ることができない」という話を聞かされていた．

最初に顔のマッサージから始めた．首が疲れるのでリラックスできるように，私が「顔のマッサージのときはマッサージをしてくれる人の身体に頭をもたれさせてもいいよ」と伝えると，互いに気持ちを確認し，少し戸惑いながらもミナさんは相手に身体と頭をあずけ「気持ちいい～」とリラックスしているような声をあげた．マッサージが進むのと同時に，身体をしっかり相手にあずけ，ホットタオルを使うときには「いいね～気持ちよくて眠くなる」と身体の緊張もほぐれている様子を見せはじめた．相手のリナさんも「私のマッサージでミナ先輩が喜んでくれて嬉しい」と応じ，和やかに進行していった．

ミナさんは授業後の感想で「自分がマッサージしてもらっているときに相手が気遣ってくれて私もリラックスできて安心感があった．本当に気持ちよかったから．普段から人に何かをすることはあるけど，私が何かをしてもらうことには抵抗がある．でも今日はマッサージしてもらっていて気持ちよく感じることができて本当にリラックスできた．こんな自分もいるんだなと気がついた」と自分でも意外な自分を確認しながら話してくれた．いつも周りが気になり気を使ってばかりの彼女がマッサージというここちよい体験のなかで「人に委ねられる自分」に気がつき，そんな自分も許せる機会になっていたようだった．

ミナさんが「はじめは何よりもマスクをはずすことに抵抗があったけど，途中からマスクはどうでもよくなった．ここちよくって，まぁいいやと思った」と話すと，リナさんも「マスクどうでもよくなったよね」と嬉しそうに語ってくれた．ところが授業が終わり自分のクラスに帰るときには，3人はしっかりと大きなマスクをつけた．ミナさんは，「普段は必要なんです．マスクは身体の一部なんです」と話し，リナさんも「そうそう．マスクは安心する．マスク大好き」と述べ，二人で在籍するクラスに向かって行った．

私はそんな彼女たちを見ていて彼女たちは学校生活の中で「まぁいいや」と思えるリラックスできる時間がどれだけあるのだろうかと疑問に思った．彼女たちはヘアメイク教室という限られた空間でここちよい体験をしたことでマスクに頼らない時間を過ごせたようだが，そこから1歩出ると再びマスクに頼る姿に戻ってしまう．頑なに続けていた自分が安心できる形，自分を守る形を簡単には変えることはできない彼女たちのこころの動きを観たような気がした．そんな彼女たちであるからこそ，マスクから解放されて"こんな自分もいいな"と，いつもとちがう新しい自分に出会える授業をたとえ短い時間であっても，少しずつ継続的に保障することに意味があるように思えた．

（2）ふれあうここちよさをきっかけに…

男子生徒も参加した実践Ⅰの最初の授業では，ユイさんはその日が転校初日という緊張もあって無表情，無言で問いかけに答えることにも困難さがある様子だった．さらに別の課題も抱えていた．ユイさんは小学校時代から不登校が続いており勉強についていくのも難しいようで，前の学校では特定の友人2人とは会話するが，教師との会話は難しかったという．転入後も授業中はほとんど伏せて寝ていた．唯一保健室登校の特定の友人と話ができる状況だった．授業中の問いかけにも無言の彼女を見て，私は彼女が安心してこころが解放されるのはどんなことなのかと考えながら実践した．

実践Ⅱの1回めの授業では顔のパック，マッサージの取り組みでユイさんは相談室の教師とペアになった．養護教諭によると「今日のユイさんは普段よりは笑顔が多い」と話してくれたが，ユイさんがマッサージを受けるときには緊張のせいか身体も硬くなり，教師に頭をあずけることができなかった．自分の思いを口にできないユイさんは教師の声かけに応えながら，もたれたりもたれなかったりを繰り返し，気持ちが揺れているようだった．いつもマスクをし，うつむき加減のユイさん

にとって，顔を上げマッサージを受けることはまだ早い段階だったと感じた．

そこで次の授業は，ヘアメイクをする予定を変更してここちよさを感じられる手と手がふれあうハンドマッサージを互いに行う内容にした．

ハンドマッサージのねらいは「手と手で触れ合いながらここちよさを感じよう」とし，「安心できる自分を感じる」「相手の手のここちよさを感じる」ということを意識しながら進めた．はじめにユイさんは養護教諭からハンドマッサージを受けた．養護教諭が「わぁ～ユイさんの手が気持ちいい．やさしい手だね」と言うと，ユイさんは恥ずかしそうに微笑んだ．言葉は出ないが今までの表情とは明らかに違い，ニコニコとした笑顔が増えていた．彼女の普段の様子から，マッサージを受けることはできても，マッサージをする側になったときは自分で進めていけるのかが課題となっていた．ところが予想以上に彼女の笑顔が増え，スムーズに養護教諭と交代しユイさんが養護教諭にマッサージをはじめた．ユイさんは自らが動きやすいように立ち位置を変え滑らかに手を動かした．その姿を見ていた相談室の教師や養護教諭は驚きを隠せない様子だった．マッサージを受けている養護教諭はユイさんに「プロみたい．本当にいいよ．ユイさんの手が気持ちいい．一生忘れないと思う」と次々に思いを伝えていた．ユイさんは一言も発することはなかったが，笑顔がいっぱいで，マッサージをする姿も堂々としていた．そのようなユイさんを私もはじめて見た．ユイさんと養護教諭の肌のふれあいは互いの「ここちよさ」が響き合っているような雰囲気だった．

ここちよい雰囲気でハンドマッサージを終えたあと，ヘアメイクをしながら相談室登校3年のミナさんと会話をしていると，なかなか言葉の出なかったユイさんから「日曜日に美容室にカットに行って今度はショートにしてみたい」という言葉が聞こえてきた．ユイさんの声をはじめて聞いた私は，驚きを隠しながら会話を続けた．他の生徒からも「ショートも似合うよ」と言われたユイさんは嬉しそうに会話の中にいた．普段はなかなか言葉の出せないユイさんだが，時間を追うごとに彼女の表情が緩んでくるのがわかった．肌が触れ合うハンドマッサージでここちよさを感じながら，ペアになった教師から嬉しい言葉をかけられ「自分でいいんだ」と思える時間になったのであろうか．小さな声だったが「今なら自分の思いを話してもいい」と感じ，はじめて思いが声に出てきたのではないかと思えるひとときであった．

まとめにかえて

「自分はクラスにいる意味がない」「私は迷惑な存在」「底辺の人だから…」「私は目立ってはいけない人間」「どうせ変わらない」…．自分を否定する言葉が想像以上に出てきて，戸惑うところから始まったヘアメイク教室．言葉だけではなく，教室に入るのが恐い，リストカット，無表情など行動にも彼らのもがきと苦しみが見えた．

おざなりな言葉では彼ら彼女らは納得するはずもなく，どう授業をつくるのか正直とても悩んだ．私は授業内容を考えながら「どうせダメな自分…」といっぱいに感じている生徒たちが自分を崩しながら自分を探る時期だからこそ，彼ら自身のこころが"こんな自分もいいな"と感じられることを大切にしたいと思った．

この実践を行って「ヘアメイク教室で変化する自分」をみつめることは，仲間とともにここちよい関係を築きながら，頑なに閉ざされていた自分を少しずつほぐし，「こんな自分もいいかも」と自分を探る時間になるのではないかということを再確認できたように思える．

授業の前は自分に対して否定的な言葉が多かった彼らから，授業後には「新しい自分に出会えた」「新しい自分を出せるようにしよう」「素敵な自分になれた」「自分はかっこよかったよ」という自分に肯定的なメッセージを得ることができた．ヘアメイク教室が，新しい自分に出会い，変化する自分を肯定的にとらえるきっかけのひとつになるとしたら，今後もさまざまな人たちを対象に行っていきたいと強く思っている．

河村実践に学ぶ　実践に学ぶ

ありのままの自分，変化する自分，変化できる自分を知り，変化を選択できる自分へ

埼玉大学教育学部
山中　冴子

　昨（2017）年10月，生まれつき茶色い髪を黒く染めることを強要した大阪府立高校の校則が話題になった．また，スクールカーストという言葉も聞かれて久しい．学校では排除の論理が横行している実態がある．排除されることへの恐怖を煽られることで，多くの子どもたちが生きにくさを感じることは想像に難くなく，特別なニーズがあるとなれば，それはなおのことであろう．

　河村実践は，特別支援学級や相談室に通う中学生たちが，ヘアメイク教室を通して，今の自分を受け止めつつ変化する自分を前向きに捉えていく姿を鮮明にみせてくれる．学校では避けられがちなおしゃれを媒介に，彼らの思春期を励ますにとどまらず，教師をはじめとする大人の側に，知らず知らずのうちに内面化してきた価値観を自覚し問い直すことを求める，大変興味深い実践である．

　ここでは，河村氏がヘアメイク教室を通して，生徒たちの生きにくさにどう寄り添い，彼らの中にあるありのままを認めてほしい自分，変わりたい自分への思いをどう後押ししたのかについて考えたい．

思春期とおしゃれ

　この実践の最大の特徴は，ヘアメイクをいわゆるマナーとして教えるのではなく，おしゃれそのものを肯定的に捉え，思春期の課題に向き合う上での有効な手段として提供する点にある．

　学校ではおしゃれは避けられがちであるが，河村氏のスタンスは実に明確である．「おしゃれが必要かどうかは本人が決めることで，周りに決められることではないのでは」．さらに，河村氏自身が美容師ということもあり，おしゃれを通して「こんな自分もいいな」といった「もう一人の自分」との出会いや，それをめぐるドキドキ感，またそのようなときめきを仲間と共有することがいかに素敵なことかを身をもって知っているものと思われる．河村氏は「学校におしゃれは必要ない」，ましてや「障害者におしゃれは必要ない」などといったよく分からない理由で，子どもたちの興味を押し殺そうとすることの意味を問うている．自分の自身へのまなざし，他者からの自分へのまなざしに敏感になり，自分とは何者かを問い始め，これまでとは違った自分を模索し始める．そして，おしゃれに興味を持ち始める思春期に，おしゃれの楽しさを伝えることは，子どもの要求に正面から応えることになるであろう．このようなおしゃれとの出会いは，日常の学校の中ではかなり難しいに違いない．

安心・リラックスできる集団を土台に

　大人への脱皮を始める思春期において，生きにくさを抱える生徒たちにとっては特に，ありのままの自分を受け止めること，自分は変化するし変化できる存在であることを知ることは，かなり挑戦的な課題である．彼らには，そのための条件ともいえる同世代の仲間たちとの学びや経験をもつこと自体に困難がある．

　河村氏は「仲間とともに集団で学ぶヘアメイク教室は，周りを意識しながら変わっていく自分にドキドキしたり，仲間に憧れて自分も挑戦してみようという気持ちを生じさせる契機にもなる」と述べている．つまり，「もう一人の自分」への変化は，周囲によって励まされ，さらには確かめられることが大切であることを指摘している．

　生きにくさを抱える生徒たちが，素直に憧れ，高揚し，挑戦したいという気持ちをもち，それを表明できるような集団とはどのようなものか．そ

れは，そこにいる「ヘアメイクをする人・される人・周りで見ている人が豊かな時間を共有できる」集団であり，ここでの「豊かな時間」とは，安心・リラックスできる時間である．生徒たちだけでなく，彼らを取り巻く大人たちのあり方が同時に問われている．

授業後の生徒たちの「新しい自分に出会えた」「自分はかっこよかったよ」といった発言は，単なる見た目だけのことではなく，彼らが今の自分を受け止め，新たな自分の発見に向けての契機を確実に掴んだことを物語っていると言えよう．

生徒たちの生きにくさを知り，ゆっくり丁寧に取り組む

ヘアメイク教室に参加する生徒の中でも，とりわけ女子生徒たちの日々の生きにくさは深刻である．「自分はクラスにいる意味がない」「私は迷惑な存在」「底辺の人だから」「目立ってはいけない」「どうせ変わらない」といった数々の発言．生徒たちの中の「序列」における「底辺」から逃れることが許されない．生きにくさを痛切に感じながらも，そこにい続けることを否応なく受け入れざるをえないユイさん，リナさん，ミナさん．彼女たちの徹底したマスクの着用は，自分の置かれている立場がよくわかっているがために選択せざるをえなかった戦略であり，ある種の自己防衛となっている．

河村氏は，他者に対して閉ざされた彼女たちの心をノックした．頑強な自己防衛は何によるものなのか，自己防衛のマスクの中に隠された本当のねがいは何なのか．河村氏は，彼女たちの中に，ありのままの自分を認めてほしい，変化できる自分でありたいという，思春期における当たり前のねがいがあることを感じたのであろう．彼女たちがマスクを短時間でも取ることができる条件として，「安心」「リラックス」「ここちよさ」「ふれあい」が必要と，河村氏は考えた．少人数の編成で顔のマッサージからスタートさせたのは，彼女たちのねがいに丁寧に応えるための工夫である．彼女たちの「マスクどうでもよくなったよね」という発言は，やはり単なる見た目だけでなく，自分の自身に対するまなざしの変化を物語っている．彼女たちの生きにくさが深刻でナイーブなものだからこそ決して無理をせず，適度な距離感を探りながら，彼女たちの「やってみたい」に丁寧に迫ることの大切さが窺える．

変化を選択できる自分へ

現代社会におけるおしゃれは，特定の価値観に同調するために脅迫的にさせられているものかもしれないし，女性にとっては特に社会での生きやすさを獲得するための手段として用いられることもあるだろう．このことによって，ありのままの自分を受け止められず，生きにくさを増幅させてしまうこともあるかもしれない．

しかし河村実践におけるおしゃれとは，変化する自分，変化できる自分を知るためのものであり，おしゃれとは何かを改めて考えさせてくれる．自分探し，新しい自分探しのためのきっかけは豊富である方が良い．河村実践は，おしゃれによって思春期を励ますものであり，先に述べた今日の学校状況において大いに示唆に富む．

以上を踏まえ，今後の実践に向けた論点として以下を提示したい．学校で生きにくさを抱えている生徒たちだからこそ重要なのは，ありのままの自分を感じ，その自分が変化するということ，変化できることを知ることはもちろん，その先に，どのような自分に変化したいかを選び取っていく力をつけていくことではないだろうか．他者からのまなざしに屈する形で「もう一人の自分」をつくらざるを得ない状況に置かれがちな彼らにとって，「違った自分」「もう一人の自分」とはどのようなものなのか．さらに，彼らが新たな自分をどう発見していくのか，どう選択していくのか，ということにおいて，「いのちの授業」の観点がどう生かされるか．

今後の河村実践の模索と展開は，学校教育実践を問い直す観点を豊富に含むことを確信するものである．

発達保障のために学びたい本　連載　第16回

江口季好 著
『障害児学級の国語（ことば）の授業』

羽山　裕子

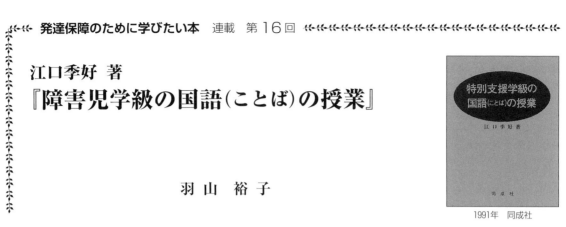

1991年　同成社

はじめに

『障害児学級の国語（ことば）の授業』では著者である江口季好が東京都大田区立池上小学校の障害児学級で行った実践に基づいて，障害（おもに知的障害）のある子どもたちの言葉を育てるための指導方法が，豊富な事例と共に提案されている．2010年には『特別支援学級の国語（ことば）の授業』と改題されて再版された．旧版と新版の掲載事例等はほぼ共通しているため，以下では，この再版をもとに紹介していきたい．

知的障害のある子どもたちの教科教育については，『養護学校学習指導要領精神薄弱教育編』が1962年に出された当初より，通常の『学習指導要領』とは異なる内容が独自に定められている．ただし，その記述はかなり概括的なものであった．それが，2017年4月に公示された新しい学習指導料では，一転して非常に細かな教育内容が規定された．これは，通常の学習指導要領における各教科の記述形式に準じたものと考えられ，内容の妥当性や実践への影響については，今後の検討が求められる．このように知的障害児の教科教育が変化の途上にある現在，確かな実践的事実に基づいて導き出された，知的障害児の国語教育の教育内容について，本書から学ぶ意義は大きい．

ところで，そもそも知的障害のある子どもたちの学校教育において，教科の指導の必要性は，常に認められてきたわけではなかった．時には不要であると考えられ，また時にはその内容を実生活に直結する知識・技能に限定してとらえられるなど，文化に触れる機会の十分な保障とはなりにくい状況があった．しかしながら，障害児教育に携わってきた先人たちの中には，十分な理論も教材も整わない中，手探りで教科教育に取り組み，確かな実践的根拠によってその必要性を示してきた者たちがいる．それが，長崎県の小学校の障害児学級で国語指導を行った近藤益雄であり，また，数学者の遠山啓とともに原数学を探究した八王子養護学校の教師たちである．遠山らの取り組みが『歩きはじめの算数』として結実し，近藤の著作集が刊行された1970年代に，本書の著者である江口は障害児教育に本格的に取り組み始めた．

江口季好は，1925年に佐賀県で生まれ，佐賀師範学校，早稲田大学文学部を経て教職に就く．小学校や中学校で実践を重ねる中で，とりわけ詩や作文の指導に熱心に取り組み，日本作文の会で常任委員も務めている．1985年には，江口が編集代表を務めた『日本の子どもの詩』全47巻が，サンケイ児童出版文化大賞を受賞した．

このように特に国語に関する分野に積極的に取り組んできた江口であるが，当初から障害のある子どもの国語教育を志していたわけではない．彼が障害児教育に深くかかわるようになった背景には，ある保護者との出会いがあった．

はやま　ゆうこ
滋賀大学教育学部

江口が教師になってまだ数年目の頃，担任している学級で勉強が遅れがちな子どもがいた．そこで，彼は家庭訪問を行い，その子どもの母親に対して，算数を毎日少しずつみてやってほしいとお願いした．すると，その母親は思いつめたような表情でうつむき，続いて涙ながらに一気に次のような内容を語ったという．「［前略］わたしは小さいころの大病で，熱のために，あたりまえになれないって医者にいわれたんです．学校は六年までいきましたが，先生は，わたしにわかるようには教えてくれなかった．［中略］勉強ができないことは，ほんとにつらいことです．先生なんかには，わたしの気持ちはわからない．先生，こどものめんどうもみれない親で，ほんとに申し訳ありません――」(pp. 234-235)

　この経験を通して江口は，自らの世間知らずぶりを猛省し，教職を辞めるべきではないかと自問自答する．そうして出した答えが，「むしろ，勉強のおくれた子どもたちに，学力を身に付けさせていくために教師として努力しつづけていくことが責任のある生き方というものではないだろうか．そうだ！わたしは勉強のおくれている子どもたち，特殊学級の担任になろう」(p. 236) という決意であった．その後，十余年の時を経て，江口は勤務校に新設される障害児学級の担任として，障害児教育者の第一歩を踏み出すことになった．

　しかし，強い思いを持って障害児学級の担任に志願した江口であるが，受け持つ子どもたちの実態に応じて，指導方法は試行錯誤の繰り返しであった．学級が開設された当初は比較的障害の軽い子どもたちが多く，通常学級向けの教科書を教材として使いながら，工夫して授業を行っていたという．ところが，徐々に入級する子どもたちの障害が重くなっていき，通常学級向けの教科書は実態にそぐわないようになってしまったのである．そこで江口は，子どもたちに合わせた教材を自分で一から作っていく．このような試行錯誤を通して育まれた国語教育のカリキュラムや指導方法のエッセンスをまとめたのが本書である．

表　本書の構成

第一章　国語（ことば）の授業内容
　一．授業の展望
　二．国語科の授業内容
　三．授業実践例（内容と方法）
　　1．理解言語をひろげる授業
　　2．発音と話しことばを伸ばす授業
　　3．読む力を伸ばす授業
　　4．書く力を伸ばす授業
第二章　障害をもつ子どもの国語教育の歴史と現状
　一．この子どもたちの国語教科書への視点
　二．障害をもつ子どもたちと日本の国語教育
　三．文字・文化・教育
　四．現実の子どもたちへの視点
　五．言語環境の大事さ
　六．同習のすすめ
　七．表現のよろこびを
第三章　子どもとともに
　一．障害のある子どもの学び方を育てる
　二．障害児教育における生活綴方教育の意味深さ
　三．子どもとともに
あとがき

1．本書の概要

　本書は三章から成る．全体の6割強を占める第一章では，江口学級の様子が生き生きと目に浮かぶ事例が，平易かつ明快な文章で記述されている．表内では省略したが，目次には各事例名がすべて示されている．一冊読み通す余裕がなくためらっておられる方には，まずは気になる事例を取り出して読んでみることをお勧めする．

　第二章では，障害のある子どもたちの国語教育に対する江口の問題意識が，実践の中で出会ったエピソードに触れながら述べられている．第三章は，『現代教育問題シリーズ』や『作文と教育』などに執筆した論考を加筆・修正して構成されている．ここでは，国語教育から範囲を広げて，障害のある子どもたちが学ぶ楽しさを感じるような学校や学級について論じられている．

　なお，本書を読むとわかるように，江口の指導は，知的障害児教育によく見られる生活単元学習的な指導とは一線を画する．国語の指導には，そのための独立した時間を設け，言葉の発達の系統的な見通しを持って実践している．江口が本書で示す国語教育の構造は，①発音，②単語，③文字，④文，⑤文法，⑥語彙，⑦話しことば，⑧聞

くこと，⑨読むこと，⑩書くである．以下の各節では，まず，第一章の記述に即して，江口の構想する国語教育の具体を示していきたい．

（1）ことばの土台を豊かに——文字学習の基礎となる力

言葉を発することができるようになるためには，文字を記すことができるようになるためには，どのような土台が必要だろうか．たとえば，音声言語を操るためには，まず音を発するための口や喉の力が必要になる．また，相手に通じるように発音するためには，日本語に用いられている音をしっかり認識できなければならない．さらに，言葉によって自分を取り巻く様々な事物を表せるという気づき，何かを他者に伝えたいという思いがあってこそ，人は言葉を発しようとする．このような，通常の国語教育に至る手前の部分を突き詰めていくと，一見遊びに見える活動の中に，国語の学習を行う大切な基礎が隠れていることがわかる．

江口学級では，この国語の土台を豊かに育てる活動が数多く準備されている．たとえばおもちゃのラッパやピアニカで遊ぶことも，言葉の学習につながる第一歩である．子どもたちは，「ピアニカを吹くことができると，パ行やマ行はきれいに発音できる」(p.16)という．また，音を識別し発音する力は，ある音で始まる色々な単語を，カスタネットをたたきながら言っていくというようなゲームを通して育てられていく．

さらに江口は，子どもたちが日々の生活で見せる，人に伝えたいという強い思いをとらえて，言葉を育てる契機としている．以下は，江口が登校してきた男児と話す場面である（pp.39-40）．

C 先生，おはよう．
T おはよう．
C 女の子，こらって，おこってよ．
T うーん．
C 江口先生，女の子だめよ．
T そう．
C そう，じゃない．だめね江口先生．
T うーん．
C うーん，だめ．女の子，だめよ．
T そう．
C そうよ，女の子，だめね．ぼくもうおこった．こらって．
T うーん．
C うーん，だめ．
T じゃ，もっとちゃんとお話ししなさい．
C あのね，あのね，女の子，こらって，江口先生おこるの．
T 女の子がどうしたの．
C とおせんぼ．こうやって．（手を広げて，女の子からとおせんぼされたと訴える）
T どこで？
C あそこよ．
T あそこじゃ，わかんない．

やりとりの際には，単に「うーん」や「そう」といった受け身の反応を返して，子どもの言葉を引き出すわけではない．子どもたちが話す意欲を失ってしまわないよう，頃合いを見計らって，まとまった内容を言語化できるよう導いていることがわかる（pp.40-41）．江口は，一人一人の子どもとこのようなやり取りを根気強く続けていくことで，言葉で思いを伝える力を育てていく．

一方で，文字を書く力を育てるためには，筆記具を自由に操って，複雑な形を描ける力が必要になってくる．そこで，まずはペンなどの少ない力で描ける筆記具で，ぐるぐると線を描く活動にしっかり時間をかける．さらに，ぐるぐる描きをしていた子どもが縦線を一本引いたとき，それはかなり強い意識を持って書いたものと見るべきであるという（p.102）．このような姿を見たら，「これ，白い線（引用者注：運動場の白線）ね」(p.102)のように，書いたものに込められた意味を語りかけながら，書く力を伸ばしていく必要がある．

以上のような土台の上に，文字を扱う指導が展開されていく．

（2）読むこと，書くことの指導
①読むことの指導

　読むことの指導内容は，自分の名前に含まれるひらがなを見分けられるようになることに始まり，単語の読み，そして一文や二文という短い文章の読み取りに進んで，最終的には物語文や説明文を読むことへと至ることが想定されている．ここからわかるように，江口の考える国語指導は，住所が読めたらよい，標識が読めたらよいというような実用一辺倒の断片的なものではない．特に説明文については，江口自身が子どもたちのレベルに合うものを書き下ろしたりもしている．

　次に具体的な指導方法を見てみよう．文字と出会う最初の段階の指導では，自分の名前の一文字が書かれたカードを探す，カルタ取りをするというような遊びの要素を持った授業が行われる．また，単語の指導では，身近で短いものから長い物へと，文章を読む中で出会わせて指導していく．このあたりは，通常の小学校での国語の指導にも見られる工夫であろう．しかし江口は，単語を正確に読めることだけでなく，その意味を本当に理解しているのかという点についても注意深く指導している．というのも，「T：心ぼそいってなあに」「C：やせてる」や「T：運賃ってなあに」「C：べんじょ」というような，似た音で全く別の意味の単語を想起していると思われる姿が，子どもたちと会話する中で浮かび上がってくるからである．

②書くことの指導

　書くことの指導は，ひらがなのなぞり書き，単語の視写に始まり，やはり一文，二文と少しずつ文章を書けるように進んでいく．その際に江口が重視したのが，朝礼での出来事をふり返って書く，前日の出来事を日記につけるというように，体験したことを見つめ直して綴ることである．

　子どもたちにとっては，自身の見たこと，体験したことを書くだけであっても，決して容易なことではない．たとえば，朝礼での校長先生の話をふりかえって書かせてみると，「校長先生が犬をかみました」というような作文が出てくることがある．そのような時に江口は，子どもたちが書いたものを取り上げ，みんなで話し合いながら，実際に見聞きした事実を丁寧に確認していく．そして，江口自身がその内容を文章化してみせ，出来事を文章で書き表すやり方についてつかませていく．このように，生活の中の事実を見つめ，書き，それを話し合って良くしていくという指導の方法には，生活綴方教育の片鱗がうかがえる．

　さらに，子どもたちが個々に異なる内容を書いてくる日記の指導においては，子ども一人一人と対話をしながら内容を深めていっている．たとえば，日記をしばらく続けていくと，「きのうは　おとうとと　ままごとを　しました．それから　べんきょうしました．それから　ごはんたべました．おふろにはいって　ねました．」（p.117）というようなパターン化した記述が続いてしまうことがある．このような時に江口は，「○○について書いたら」というアドバイスをすぐに与えるのではなく，子どもと話し合う中で，正確に伝わる文章にするために必要な要素を気付かせていく．

T　先生は，日記を読んでいると心配でしょうがないよ．だって，いつも，おふろで寝ているんでしょう
C　おふろでは寝てないよ．いつも，おふとんで寝ているよ
T　だって，見てごらん．「おふろに　はいって　ねました」って，ほら，ここにも，ほら，ここにも，こう書いているんだもん．先生はおふろで寝ていると思っていたよ．心配でしょうがないよ，先生は
C　じゃ，あしたから，おふとんで寝たこと，書いてくるね

　このようなやり取りを何日も続ける中で，子どもたちは出来事を詳細に見つめて書けるようになっていく．そして，「――からだをふいて，あしもふいて，てもふいて，あたまもふいて，かおもふいて，パンツをはいて，シャツをきて，もう一まいきて，パジャマのズボンをきて，うえもき

て，ふとんにねて，まくらをして，ふとんをひっぱって，かぜひかないようにしてねました」というような「いわゆるクソリアリズム」(p.118) の文章にまずはたどり着くのである．この段階を経て，さらに一つのことだけくわしく書くという，印象的な出来事や自らの想いに焦点化した文章へと，江口は子どもたちを根気強く導いていく．

③同習

ここまで，読むことと書くことのそれぞれの指導を例示してきたが，実は，この二つには前後関係はない．「発音できるようになって，話せるようになって，文字が読めるようになって，その後で文字を書く指導をするというのでは，四年生になっても鉛筆を持たせられないことになります．この異習は明らかにまちがいです」(p.194) と江口は述べており，読むこと，書くこと，そして話すことを組み合わせた指導，すなわち「同習」というものを提案している．

たとえば，「め」という文字について学習する場合，実際の目と結び付けて「め」と言わせる発音の指導を15分，複数の文字カードの中から「め」というカードを取らせる読みの指導を15分，「め」という文字をなぞり書きしたり視写するような書きの指導を15分というようにである．この同習は，子どもたちが飽きずに学べるという意義もあるという．もちろん江口は，すべての指導を同習で行えと言っているわけではない．しかしながら，自閉傾向があり音声言語の習得に困難がある子どもの場合についても，このような読むこと，書くことを同時に取り入れた指導は，学びを促進してくれるものであるという．

2．障害児学級での実践に対する思い

本書の第一章に示されるような，豊かな国語教育の実践を行いながら，江口はどのようなことを考えてきたのだろうか．次に，第二章，第三章から，障害児教育に対する彼の思いや姿勢を見ていきたい．

（1）生活綴方に学ぶクラスづくり

先述のように日本作文の会で活動してきた江口は，生活綴方の思想を学級での授業の中でも生かしてきた．彼は生活綴方から学ぶべき考え方として，教室を，思ったことを何でも言える，のびのびと解放された場所とすることを挙げている．それはたとえば，次のような情景の見られる教室であるという．

ある時，江口は学級の子どもたちに「ももたろう」の絵本を読んで聞かせた．すると，読み終わったところで，子どもたちから「おばあちゃん，だめね」「おばあちゃん，ばってん」という予想外の「おばあちゃん批判」が飛び出してきた．不思議に思った江口は，子どもたちとよく話し合ってみた．すると，子どもたちは，おばあさんは川へ洗濯に行ったのに，帰りに洗濯物を置きっぱなしにして桃だけ持って帰ったから「だめ」だと考えていることがわかったという．

「ももたろう」の読み取りとしては，これは適切ではないかもしれない．しかし，子どもたちはあてずっぽうでこのような感想を述べたわけではない．普段，砂場にシャベルやバケツを置き忘れて教室に帰ると，江口から「だめね，ばってん，とってきなさい」と注意されることを思い出し，素直に感想を述べたのである．江口はこのエピソードを，子どもたちが萎縮することなく，生き生きと解放されて，自由に言いたいことが言える学級の様子を表していると受けとめている．

（2）高い目標と達成感

「心障学級の指導にあたって，わたしは，いつも目標は高すぎるくらい高くかかげたいと考えている．その目標にいどませ，達成の喜びを感じさせたいものである」(p.213). 江口はこのように述べる．目標が高いものであるからこそ，子どもたちも大きく成長することができる．実際に江口学級の子どもたちは，四百字の原稿用紙を10枚以上埋めるような作文を書くこと，音楽会でピアノの伴奏を行うことなど，その保護者をも驚かせるような挑戦と達成を見せていく．高い目標を設

定し，その指導方法を考えて，子どもたちに達成感を味わわせることこそが，教師の役割であると，江口は考えたのである．

また，子どもたちが目標に向かって学習を進めるための環境づくりも江口は工夫している．たとえば学習のリズムづくりである．私たちは，曜日ごとに異なる順番で異なる教科を学習するような時間割を当たり前だと考えがちである．しかし江口は，毎日決まった教科に取り組む時間を作った方が，学習のリズムをつかみやすいという．

（3）実践の更なる発展と普及

本書に示されているカリキュラムや指導方法は，完成形ではない．江口は，自身の指導の及ばなかった点についても認めている．たとえば「大段落や小段落を考えて作文を書く力というのは，たいそう高度なもので，わたしは十分指導することができませんでした．せいぜい『はじめ』『なか』『おわり』を考え，そこを段落として一字下げで書くというくらいの指導しかしてきませんでした」（p.137）というふうにである．具体的かつ詳細に記されている江口の指導方法であるが，ここで満足してしまうことなく，高い目標を持って追究していくことが必要である．

また，江口は，自らが教材探しに悩んだ経験をふまえ，学級での指導に用いた教材を整理して教科書を出版している．『ゆっくり学ぶ子のためのこくご』（同成社）であり，『ゆっくり学ぶ子のためのさんすう』（同成社）である．解説書である『ゆっくり学ぶ子のための「こくご」学習指導の展開』（同成社）と併せて用いることで，本書で江口が紹介しているような実践に各校で実際に取り組み，そして発展させていくことが可能となっている．

おわりに

本稿では，江口が『特別支援学級の国語（ことば）の授業』で示した国語指導のほんの一部を紹介してきた．江口は，子どもたちの姿を通して国語の力が発達する道筋をつかみ，ある程度の系統性をもって教材や指導方法を提案している．しかし一方では，実際の指導は決して一定の速度で進んでいくわけではなく，むしろ相当な根気強さで子どもたちに向き合い続ける必要があることが，彼の実践の端々からは伝わってくる．江口の著作を通して学ぶべきは，障害のある子どもの国語教育カリキュラムや指導方法の具体だけではなく，子どもたちとのやり取りを通して常に学び，実践を新たにしていく姿勢であると言えるだろう．

なお，江口の業績の中心は知的障害児および自閉症児の国語教育であるが，本書の第三章には，他の障害を持つ子どもたちの特性や指導上の注意について言及されている箇所もあり，彼の障害児教育に関する幅広い知識と探究心の一端がうかがえる．また『障害児学級の学習指導計画案集』（同成社，1987年）には，国語科以外の教科で育てたい力とその指導方法についても網羅的に紹介されている．本書を入り口として彼の著作に学んでいくことで，通常学校内の障害児学級というフィールドで，毎年様々に異なる子どもたちに出会いながら奮闘してきた江口の遺した多くのものを，私たちは吸収することができる．

最後に，国語指導に関する江口の言葉を紹介しておきたい．「正しい発音ができるようにすることも，筆順を正しく身につけるということも国語の指導として大切なことですが，聞く力，話す力，読む力，書く力をとおして，人間らしく生きていく力を子どもたちのものにしていくという，広い全教育的なものとして考えていかねばならぬものではないでしょうか．それは，ことばの力というものが全教科の基礎であるということによるものでもあります」（まえがき）そして，「言語はコミュニケーションの機能をもっています．これは『思想・感情のやりもらい』ということでもあります」（p.19）．たとえその習得が時間のかかる困難な取り組みであったとしても，子どもたちが人と関わって生きていく上で，欠かすことのできないのが国語（ことば）の力なのである．

書評

清水 寛 編著

『ハンセン病児問題史研究——国に隔離された子ら』

A 5 判 552 頁
新日本出版社
2016 年
定価（本体 6500 円＋税）

評者 一盛 真

　本書は，清水寛と共同研究者達との長年の「ハンセン病児問題史研究」の成果であり，日本における「ハンセン病政策事件」に関する教育学的研究の現在の到達点を示す労作である．私は既に『教育学研究』第 84 巻第 4 号（2017 年 12 月）に内容に即して研究的特徴を述べているため，ここでは「ハンセン病政策事件」研究のなかでの本書の位置と可能性について書くことにする．

　日本における 1990 年代以降の「ハンセン病政策事件」研究は，「らい予防法」の廃止（1996 年），ハンセン病違憲国家賠償請求訴訟（1998 年～2001 年）が大きな転機となっている．「らい予防法」の廃止，国賠訴訟に向けて国の誤った政策の事実の解明が，この時期の研究の主要な関心であり，訴訟を支え，さらには『ハンセン病問題に関する検証会議最終報告書』にその成果は結実した．研究をリードしたのは藤野豊の一連の研究であった[1]．この流れは，その後 2005 年に始まるハンセン病市民学会の活動を中心に現在にまで続き，近年では無らい県運動研究会『ハンセン病絶対隔離と日本社会（無らい県運動の研究）』，黒坂愛衣『ハンセン病家族たちの物語』と研究の広がりが見られる．特に黒坂の仕事は，2016 年から始まるハンセン病家族訴訟の流れを作る画期的な書である．また，ハンセン病政策，植民地朝鮮，国賠訴訟関係の基本資料なども刊行された．

　他方で「ハンセン病政策事件」研究は，国賠訴訟の終結と「ハンセン病問題に関する検証会議」を区切りとし，これまでの「加害／被害」「差別／被差別」という 2 項対立的な枠組みからは見えてこなかった領域に研究の関心が広がってきている．療養所での人々の多様な「生きた証」が「文化や共同性」という切り口から歴史学，社会学，文学の領域で語られ始めている．蘭由紀子『「病いの経験」を聞き取る』は，ひとりひとりの「生」を生活史研究として描いている．また青山陽子『病の共同体』，有薗真代『ハンセン病療養所を生きる』[2]等は，入所者の共同性や文化に着目することで新たな像を提示している．療養所の歴史的性格については遠藤隆久が「社会の偏見・差別からの避難所（アジール）でもあった」と療養所の二面的性格を指摘している．

　教育学研究の領域では，服部正「ハンセン病と保育——日本保育史の落丁」（1988 年）が研究としては最も早く，代表的な研究としては清水の研究以外では，滝尾英二『近代日本のハンセン病と子どもたち・考』，樋渡直哉『患者教師・子どもたち・絶滅隔離』，佐久間建『ハンセン病と教育』，その他には平田勝政，宇内一文等の研究がある．歴史学，社会学の動向と比べ低調である．

　清水は 1969 年から「ハンセン病児問題史研究」に向き合い，最初の論文は，1999 年と遅いものの，先の「ハンセン病政策事件」研究の 2 つの時代を跨いで研究を発表し続けている．

　本書の中心をなす研究論文は，江連恭弘との共著「第 1 章 総論・ハンセン病療養所における子どもたちの生活・教育・人権の歩み」，篠崎恵昭との共著「第 2 章 多摩全生園の文集『鳴子鳥』にみる病児たちの意識」，「第 3 章 栗生楽泉園の

いちもり　まこと
大東文化大学

『高原』誌にみる病児たちの意識」,「第4章 長島愛生園の病児たちの意識」である.1章は,ハンセン病の子どもたちが生きてきた状況に関するすぐれた総論である.療養所での「教育」とは「社会復帰」を前提とせず,園内でおとなしく人生を全うするための「園内通用学力」と価値感（＝「良き愛生人」,大家族主義・楽土建設,皇室崇敬・仁慈,国家主義・民族浄化主義,自給自足主義.）をすりこむ役割を果たした.しかし,「らい予防法闘争」以降,大人たちの価値観に大きな変化が現れる中で,定時制高校新良田教室の設置(1955年)に期待をかけ,「社会復帰」のための学びを意識する青年たちが現れる.ただ,多くの青年たちの「社会復帰」は,療養所にいた事実を隠してその後を生きていくことを余儀なくさせていった.

第2章～第4章では,園内に残されている文集,自治会機関誌等に掲載されている子どもの作文を使用した意識分析である.2章では戦前戦後の比較分析で,肉親への思慕,皇室への崇敬が綴られる戦前と,「らい予防法闘争」を通した大人の意識の変化が子どもの作文にも影響を与えている戦後の違いを描いている.3章でも「らい予防法闘争」が子どもたちにどのような影響を与えたのかを分析している.4章では,『望ヶ丘の子供たち』(1941年)掲載の児童の作文の分析を通して,長島愛生園長光多健輔の「よき愛生人」という人間観が児童にすりこまれていたという分析をしている.

「ハンセン病政策」研究のなかで清水らの仕事はどのような位置に来るのであろうか.1999年から研究をリードしてきた清水の研究の特徴は,ハンセン病の大人と子ども期を分けて,独自の成長・発達の機会の剥奪という視点が貫かれていることである.教育学的視点によるハンセン病研究としてまとまった研究書は大変少ないだけに,その意義は大きい.しかしながら教育の機会の剥奪と「らい予防法闘争」に触発される子どもたちという二項対立の構図は,国賠訴訟までの基本的な構図である.そこにおいては「らい予防法闘争」に触発される子どもたちの分析の平板さと教育学研究としての課題が残されていると私は考えている.私が敬愛する清水の目指す研究の頂はもう少し先にあるのではないか.二項対立では語り得ない様々な人間の生,療養所の中で繰り広げられた共同性から人間の成長と発達,その集団の持つ可能性を見出すことができるのではないか.それは,「らい予防法闘争」や国賠訴訟に立ちあがった人々に限らず,入所者の日々の生活に教育学の目を凝らすことで見出すことができる.研究の新しい潮流を本来リードすべきは確かな人間観に裏図けられた教育学者の仕事ではないのか.本書においては,「患者教師」光岡良二,「補助教員」野上寛次の存在,証言編の冴雄二の少年時代の体験とその後の生き方の語り等,二項対立の研究を克服する萌芽を私は見出す.

戦後教育学研究,民間教育運動において,なぜ「ハンセン病政策事件」における教育学的関心が1990年代までほぼ存在しなかったのか,この点を日本の教育の問題として考える必要がある.1970年代からの清水の教育実践・研究の成果の行間から読み取るべきことは多い.

注

1）藤野の研究に対しては松原洋子の批判がある.藤野の「優生主義」概念の単純化とファシズム政策への還元の誤りについてである.鈴木善次・松原洋子・坂野徹(1995)展望：優生学史研究の動向Ⅲ——アメリカおよび日本の優生学に関する歴史研究.科学史研究,第194号,他.

2）拙論,書評：有薗真代(2018)ハンセン病療養所を生きる.教育,No.865において,「残念ながら,日本のハンセン病を対象にした教育学研究でこれほどまでに確かな人間観,集団のもつ可能性を語った成果はない」と述べた.

編 集 後 記

◎特別支援教育の始まった2007年，本誌は35巻2号（2017年8月発行）で「インクルーシブ教育と共同の原理」を特集しました．「特集にあたって」で大久保哲夫編集委員（当時）は，「わが国の障害児教育が特別支援教育としてすすめられつつあるいま，インクルーシブな教育としてそれを充実させていくには」，「障害のある子どもを切り捨てる市場原理，競争主義に抗して権利としての障害児教育を創造するなかで」私たちが発展させてきた「共同の思想」を踏まえ，「具体策を講じていかなければならない」と論じています．その後，2009年の政権交代で障害者制度改革の新たな潮流の中に教育改革も位置づけられ，全障研は「障害のある子どもの教育改革提言——インクルーシブな学校づくり・地域づくり」を発表しました．これはその後の情勢の中でまっすぐ実現することになってはいませんが，「特別支援教育を改革する」として「特別支援学級・学校の過密状況を解消し，教育条件を整備するとともに，障害の種類・程度や能力による格差・差別をなくす」をあげるなど，今日も正鵠を得た提言です．「抗する」運動と共同をひろげていくことによって，そしてそれによってのみ展望は切りひらかれるのだと，あらためて10年を振り返ります．（梅垣）

◎編集委員会報告

12月17日（日），東京の全障研事務所にて常任編集委員会を行った．投稿の審査，46巻4号以降の特集企画の検討を行った．46巻からは新連載企画「ワイドアングル」をスタートする．次回編集委員会は4月8日（日）に東京の全障研事務所にて予定．

本誌の内容を深め普及するために，「障害者問題研究を読む会」を試みた．45巻2号特集「発達と集団と活動」をテーマに12月6日（水）京都にて開催．45巻3号特集「高齢期の障害者家族と生活」の諸問題をテーマに3月22日（木）埼玉にて開催予定．

◎今後の特集予定

46巻

1号（通巻173号）障害児（者）医療の発展と今日的問題
2号（通巻174号）「4歳半の節」と発達保障
3号（通巻175号）人間発達と表現活動
4号（通巻176号）障害のある人の尊厳と権利保障

◎本誌では随時投稿を募集しています．投稿規定にしたがってご投稿ください．
（参照 http://www.nginet.or.jp/jsdh/index.html）
◎視覚障害のためテキストデータを希望する本誌購読者には図版等一部を除いて提供します．

障害者問題研究編集委員会
編集委員長　　白石正久
副編集委員長　中村尚子　細渕富夫

編集委員

荒川　智　　荒木穂積　　猪狩恵美子　　石倉康次
井原哲人　　河合隆平　　川地亜弥子　　河原紀子
窪島　務　　窪田知子　　越野和之　　　桜井康宏
白石恵理子　白石正久　　髙橋　智　　　田中智子
土岐篤史　　中村尚子　　日比野正己　　細渕富夫
丸山啓史　　峰島　厚　　山中冴子　　　山本　忠

編集幹事　　梅垣美香
英文校閲　　Cynthia Yenches

障害者問題研究　第45巻第4号（通巻172号）

定価（本体価格2,500円＋税）
2018年2月25日発行
編集　障害者問題研究編集委員会
発行　全国障害者問題研究会　www.nginet.or.jp
〒169-0051　新宿区西早稲田2-15-10
西早稲田関口ビル4階
TEL.03-5285-2601 FAX.03-5285-2603

印刷　株式会社光陽メディア